Para

Iddo,
sem o seu amor e suporte
esse trabalho não seria possível.
eternamente grata.

INTRODUÇÃO

As informações contidas nesse livro são aplicáveis a qualquer versão de Windows, no entanto, usei a versão Windows7.

Apenas, nos capítulo 3 Introdução a arquivos e no capítulo 4 Introdução a Wordpad, será notada a diferença entre as versões anteriores de Windows. A janela de arquivo estar bem mais simples, baseado nesse entendimento se pode facilmente entender as versões antigas. A janela de wordpad em windows7, contém mais opções, e pode ser usada para escrever qualquer tipo de documento.

Para explicar o navegador Internet Explorer, escolhi a versão 8, porque os icones estão mais visíveis na janela facilitando o melhor entendimento. Na versão 9, não há muita novidade e as informações não estão tão visíveis na janela, quanto na versão anterior.

Quando se aprende como funciona um navegador, facilmente se pode usar qualquer outro sem nehuma dificuldade.

Eu me diverti escrevendo esse livro, espero que você se divirta aprendendo as informações contidas nele, e que essas lhe sejam úteis, ajudando a melhorar os seus conhecimentos gerais de computador e internete.

Boa Sorte!

SUMÁRIO

Capítulo 6 – Internet Explorer   107

Capítulo 7 – Hotmail e Live.Com   124

CAPÍTULO 1

COMPONENTES BÁSICOS

1

- Charles Babbage
- O computador
- Memória do Computador
- DVD e CD
- Painel Frontal
- Painel traseiro
- Tela Frontal
- Painel traseiro da Tela
- Caixa de som ou Auto falante
- Auto falante ligada na Tela
- Câmera – Webcam
- Conexão do teclado
- Conexão do mause
- Conexão da impressora
- Ligar o computador no protetor de corrente
- Computador portátil (laptop)

Depois de Charles Babbage houve muita inovação na área de mecanização, consequentemente, levando ao melhoramento dessa máquina tão eficiente, que chamamos Computador.

Para o melhor entendimento de como o computador funciona, é necessário em primeiro lugar se familiarizar com suas várias partes e funções.

Nesse capítulo eu mostrarei os vários componentes do computador e suas funções básicas. Sendo a memória um componente muito importante para o funcionamento do computador, usei exemplos práticos, relacionado ao quotidiano para o melhor entendimento.

CHARLES BABBAGE

OUTRA IDADE DEVERÁ SER O JUÍZ

Charles Babbage (1791-1871), pai do computador, foi um matemático britânico, filósofo, inventor e engenheiro mecânico. Ele foi um pioneiro que concebeu o primeiro computador mecânico, mas, como Da Vinci, ele nunca construiu seus projetos. O primeiro Babbage mecanizada Difference Engine foi feita em 1855.

1977 Tandy Radio Shack
United States
TRS-80 Model 1

Osborne 1 Portable Computer
1981 Osborne Computer, US

Commodore SX-
64 Executive
US 1984

IBM Personal
Computer
1981

Engine n° 2 de Charles Babbage desenhada em 1847-1849. Calculadora mecanizada e impressora com resultados ate 31 dígitos decimais.
Construida em 1991 pelo Museu de Londres.
Esta segunda réplica ficará no Museu do Computador em Mountain View Ca, USA até 2012, então irá para a sala de visitas, da casa do milionário da Microsoft Nathan Myhrvold, que a construiu.

Fonte: Museu do Computador
Mountain View Ca, USA
http://www.computerhistory.org

O COMPUTADOR

Para que o computador funcione é necessário que ele tenha um sistema operacional, o qual é uma série de programas, contendo instruções e comandos. Sistemas operacionais é encontrado em todos os eletrônicos, como telefone cellulares, video games etc.

Há vários sistemas operacionais; entre eles LINUX, que é um sistema gratuito, que pode ser instalado pela internete, é usado não só no computador, mas em telefones celulares, video game etc.

The Mac OS que é o sistema da companhia Apple Inc., usado nos seus computadores Macintosh.

O sistema operacional mais popular é o Windows, o qual a versão mais recente é Windows 7. A primeira versão foi feita em 1985, com o nome Windows 1.0 seguido de Windows 2.0 em 1987, Windows 3.0 em 1990, Windows 3.1 em 1992, Windows 95, 98, NT. Me XP, Vista e a próxima já em desenvolvimento Windows 8

Nesse livro usei a versão, Windows 7

O COMPUTADOR

O Computador é composto de **Hardware** que é a parte física, o que você pode pegar do commputador. Exemplos de Hardware são: o teclado, o mause, a tomada elétrica, a memória, a tela, etc.

O Sistema Operacional – é uma coleção de programas (software) de instruções com o objetivo de dizer ao computador o que ele tem que fazer. Exemplo de Sistema Operacionais são: Microsoft windows, Mac OSX, GNU/Linux.

O Sistema Operacional ou programas (software) gerencia o (Hardware) a parte física, a fim de executar com eficiência os variados Programas de Aplicação.

Programas de aplicação - ajuda o usuário a desenvolver o seu trabalho mais rápido e com eficiência. Exemplos de Programas de Aplicação são: programas de contabilidade, programas de arquitetura, programas educacionais etc.

Os computadores vem em diferentes marcas, diferentes cores, modelos,e preços, porém, muito importante é a memória RAM, como também, o tamanho do espaço de armazenagem do computador.

1- Se a Memória RAM for menos de **1GB,** por exemplo **512 MB,** o computador será muito lento.

2-O Disco Rígido é o espaço para armazenar, os programas e arquivos de vídeos, fotos e documentos. Os vídeos ocupam muito espaço,se você deseja guardar muitos vídeos, um espaço maior no disco rígido é o ideal.

CaixaFicha Técnica:
Processsador: **Intel Core 2 Duo E7400 de 2.80GHz**
Barramento: **1066 MHz**
Cache: **L2 3MB**
Chipset: **Chipset North Bridge - Intel 945GC e South Bridge - Intel ICH7**
Placa Mãe: **Padrão Space-BR**
Memória: **2GB 667MHz** ① **2 GB de memória é ok**
Disco Rígido: **500GB Sata 2 7200RPM** ②
Drives: **DVD-RW**
Vídeo: **Video Onboard expansível até 224MB compartilhada dinamicamente**
Som: **On Board de até 8 canais**
Rede: **10/100**   **250 GB de disco rígido é um bom espaço.**

MEMÓRIA DO COMPUTADOR

Para entender a Memória:

Por exemplo: digamos que na sua casa você tem, uma dispensa onde você guarda os mantimentos. Vamos supor, que a dispensa seja o chamado Disco duro ou Disco rígido (Hard Drive),o lugar onde o computador guarda todos os arquivos,ou seja, videos, fotos, etc.

Nos armários da cozinha, onde você mantém os mantimentos que você usará diariamente: chamaremos de Memória RAM (Random Access memory)memória de acesso aleatório.

Quando você estar cozinhando fica muito fácil e rápido para acessar os mantimentos que estão no armário da cozinha, você faz tudo mais rápido, porém, se você pretende cozinhar para muitas pessoas, os mantimentos dos armários da cozinha não serão suficientes, você terá que ir para a dispensa buscar o que você necessita, então, esse seu vai e vem, da cozinha à dispensa, levará mais tempo para você terminar o seu cardápio. Nese momento, você desajaria que os seus armários da cozinha fossem bem mais espaçosos, para que o seu trabalho terminasse em menos tempo.

Para que o computador trabalhe com rapidez e eficiência é necessário que sua memória RAM seja de um tamanho razoável, o fabricante diz: que Windows Vista precisa no minimo de 512 MB (megabaites) e Windows 7, no minimo 1 GB de memória, a realidade é que, com esse número o computador funcionará muito devagar, na verdade o minímo deve ser 2 GB para que tenha um razoável funcionamento.
O que você ver na tela é o que a Memória RAM teve a capacidade de ir buscar, no disco rígido ou na internete, se a Memória RAM é pequena, o computador será lento. E se você estiver ligado na internete, mesmo que sua conexão seja rápida,com a pequena memória RAM o computador será lento, consequentemente sua conexão será lenta.

DISCO DE DVD E CD

Alguns computadores vem com duas gavetas para CD/DVD; nesse caso poderá gravar de um CD ou DVD, para o outro CD ou DVD,que estar na outra gaveta.

Quando o computador tiver apenas uma gaveta, ela pode ser só para o CD ou para ambos CD e DVD.

Se a gaveta for para DVD, só poderá gravar DVD e CD que é compatível com a gaveta (driver). O DVD pode ser : DVD+R, DVD+RW ou DVD-R, DVD-RW

CD - **(Compact Disc) Pode conter música, fotos, documentos.**

CD R **(Compact Disc *Recordable*) É o disco que pode ser gravado (estar em branco)**

CD R/W **(Compact Disc ReWritable) É o disco em branco que se pode gravar, apagar o que foi gravado e gravar novamente.**

DVD **- (Digital Vídeo Disc) Contém principalmente vídeos (filmes) mais pode conter documentos é do mesmo tamanho do CD mais tem maior capacidade.**

DVD R **- (Digital Video Disc Recordable) É o Disco que pode ser gravado (estar em branco)**

DVD RW- (Digital Video Disc ReWritable) É o disco em branco que se pode gravar, apagar o que foi gravado, e gravar novamente

O formato de DVD pode ser **DVD-R DVD-RW e DVD+R DVD+RW**

Como ainda não existe um padrão você pode encotrar a venda "DVD±RW",

PAINEL FRONTAL

Tocador e Copiador de CD (CD-RW drive)

Pressione p/ abrir

Tocador e Copiador de DVD (DVD+RW/+R drive)

Para Ligar press

CPU
UNIDADE CENTRAL DE PROCESSAMENTO

1- Depois que a tomada elétrica estiver ligada, pressione o botão de ligar e desligar, que dependendo do modelo, pode estar localizado no meio da CPU ou a direita na parte superior.

2- Com o dedo indicador pressione gentilmente para abrir o compartimento do CD ou DVD

3-Após a pressão do dedo a gaveta automaticamente abrirá. Coloque gentilmente o disco,pressione novamente para fechar

Use para ouvir CD de música, copiar música do Computador para o CD,ou ver vídeo do DVD, Como também copiar vídeo do computador p/DVD

PAINEL FRONTAL

1- **Security digital card (SD) e Mini SD , PRO DUO.**
Usados em câmera digital,
telefone celular etc.

2- **Compartimento para leitura de cartões**
Multimédia card (MMC) Smart media card (SM)

PAINEL FRONTAL

1- Socket para a Tomada de (USB 2.0 A) liga Webcam, pen drive, impresssora, escaner etc. Note que, o lado que tem dois buraquinhos abertos, fica virado para cima.

2- Tomada de USB 2.0 A

3- Pen Drive (flash drive ou memory stick) copia-se do computador e para o computador: música,vídeos, fotos, documentos etc.

4- Quando a informação estar sendo transferida essa luizinha pisca (flashes**)**

PAINEL FRONTAL

1- Entrada para o fone de ouvido.

2- Entrada do microfone

3- Combinação microfone e fone de ouvido e estar indicado nelas, qual é a do microfone e qual a do ouvido

PAINEL FRONTAL

1- Socket para **o** fio (FireWire IEEE1394) 1394, essa tem **6 pinos,** usado na trasferência de vídeos da câmera, para o computador e vice-versa (velocidade rápida)

2- Fio (FireWire IEEE1394),1394 essa tem **4 pinos**, frequentemente vem em LapTop é também usada na trasferência de vídeos da câmera, para o computador e vice-versa (velocidade rápida)

PAINEL TRASEIRO

Para um funcionamento mais eficiente, é necessário que os componentes internos do computador, se mantenha frio. Por isso, os ventiladores estam sempre funcionando e consequentemente,acumulando poeira, que penetra nos componentes internos. Uma das causas de mal funcionamento do computador, como lentidão, é a poeira interna acumulada.
É aconselhavel aspirar a poeira dos ventiladores a cada 6 meses. Se você não tiver um aspirador de computador, use o aspirador comun, desde que o cano seja de plástico, para evitar a transmissão da energia estática, que danifica os componentes internos.
Para aspirar os ventiladores, DESLIGUE, e desconecte a tomada da eletricidade. Aperte o botão de ligar por alguns segundos, para que, qualquer eletricidade que possa ter ficado dentro, seja descarregada. O ideal é colocar o computador em uma mesa, e aspirar gentilmente.

1- Tomada para eletricidade

2- Ventilador interno

PAINEL TRASEIRO

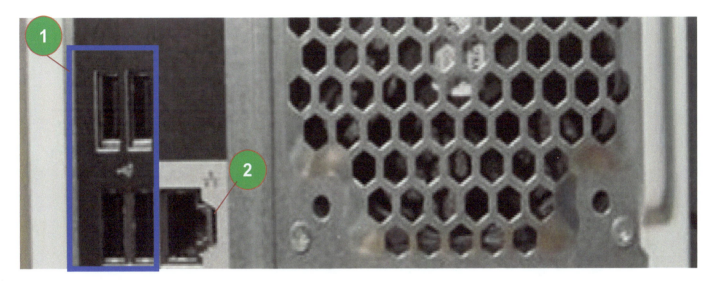

CAT 6

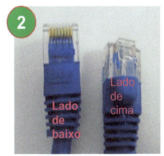

1- Entrada de USB (2.0 A). Para conectar o teclado, o mause, a impressora, escaner,webcam etc.

2- Entrada de Ethernet, conecta na caixa Modem o qual conecta a linha telefônica DSL (conexão rápida) or cabo

PAINEL TRASEIRO

1 -Para conectar caixa de som especial e melhorar qualidade de áudio.

2 -Para conectar caixa de som especial que tenha vários canais.

3 - Para conectar caixa de som de baixa frequência (subwoofer).

4 - Na maioria dos computadores que tem placa de som, o microfone estar na tela. No caso, essa é outra opção p/conectar microfone separado.. OS PINOS TEM AS DUAS PONTAS IGUAIS, AS CORES DETERMINAM ONDE CONECTA-LOS.

5 -Na maioria dos computadores que tem placa de som, e que o alto-falante estar na tela. O pino da côr **verde** é ligado a saída do som (out) e a outra ponta também **verde**,conecta atrás da tela que é a entrada (in)

6 -Use esse para entrada (IN) conecta tocador de CD VCR, tocador de cassete, os quais terão a saída (out)

PAINEL TRASEIRO

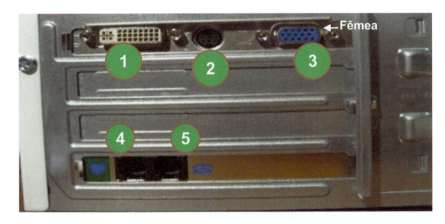

1- Tomada ou cabo de DVI (Digital Visual Interface) macho- para conectar
a tela plana, ao computador (CPU) os quais tem a tomada fêmea.

2- Tomada S-Video (in) entrada usado para jogos TVs, DVDs, VCRs, Projetores etc.

3- Quando os componentes não são de alta definição. Eles são VGA (video graphics array) essa
Tomada ou cabo (macho) conecta o computador à tela a qual tem a mesma saída (fêmea).

4- Para conectar na internete usando linha telefônica.
  conexão muito lenta. O fio vai da parede para o computador atualmente método pouco usado.

5- Conectar o seu telefone, no caso da internete não estar em uso pode-se fazer ligações
telefônicas e enviar fax.

PAINEL TRASEIRO

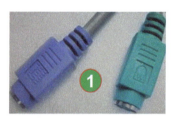

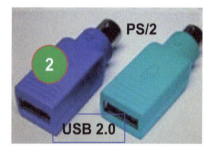

PS/2

USB 2.0

ADAPTADOR PS/2

1- Nos modelos mais antigos essas são as tomadas do teclado sempre de côr verde meio azul e o mause sempre de cor azul meio roxa.

2- Se o computador for versão nova, e o teclado ou o mause foram de modelos mais antigos, é necessário usar os adaptadores para USB 2.0 A.

3- Espaço vazio para que se desejar, adicionar extras cartões (tomadas) por exemplo tomadas (cartão) de áudio.

TELA FRONTAL

Tipos de telas

Tela CRT -
cathode ray tube

simples,somente com os controles de brilho cores.

Caixa de som

Sem microfone

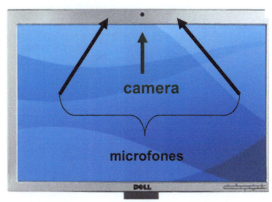

camera

microfones

webcam e microfone embutido sem caixa de som.

PAINEL TRASEIRO DA TELA

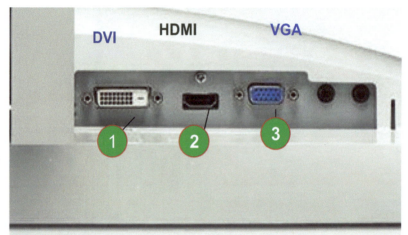

1- Tomada de DVI (Digital Visual Interface) (macho)   para conectar na tela plana (socket fêmea) dará o mais puro sinal digital.

 2 - Tomada de HDMI (High Definition Multimedia Interface) essa é a melhor para ligar o computador na televisão de alta definição HDTV (High Definition TV).

3- Quando os componentes não são de alta definição,eles são VGA (video graphics array). Essa Tomada é analogue (macho), não digital conecta o computador a tela, que tem socket (fêmea)

A maioria dos computadores vem com a tomada VGA que é mais usada no mundo inteiro, porque é a mais barata . A tomada DVI não custa tanto depende do tamanho.

CAIXA DE SOM OU AUTO- FALANTE

A maioria dos computadores já vem com o auto-falante embutido. Quando o computador não tem, se pode conectar do lado de fora. Esses são exemplos, de simples auto-falantes, não muito caro que podem ser usados.

1 - Tomada da caixa de som – ou auto-falante simples

2 - O desenhozinho indica que é tomada de áudio .

CAIXA DE SOM LIGADA NA TELA COM AUTO-FALANTE

(SUBWOOFER)

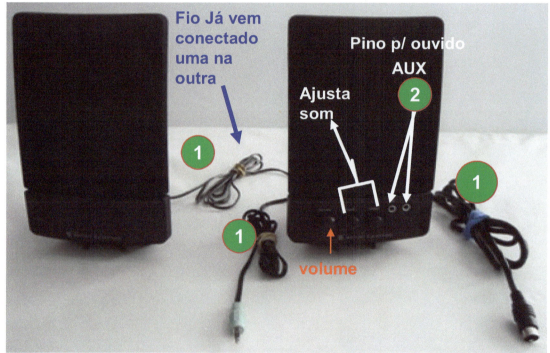

1- 3 fios já vem conectados nessa caixa de som,para serem conectados ao subwoofer e a tela. Esse auto-falante, tem botões que controla o volume, ajusta intensidade do som, e contém, a saída de ouvido, e entrada AUX que se pode ligar ipod, stereo tocador de DVD e CD, p/ouvi-los da caixa de som.

2- Um pino liga no ipod ou qualquer mp3, e o outro no AUX, então voce ouvirá o seu ipod, mp3 ou CD, stéreo do auto-falante do computador.

CAIXA DE SOM LIGADA NA TELA COM AUTO-FALANTE

(SUBWOOFER)

Lado da frente

Lado de baixo

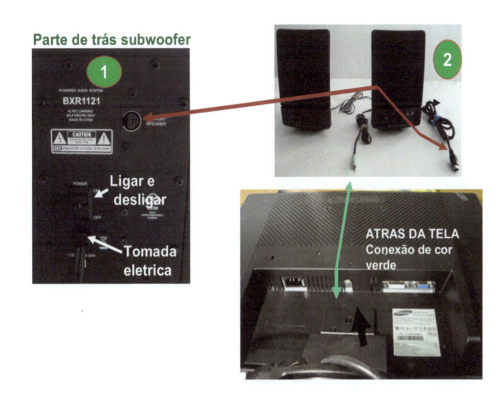

Parte de trás subwoofer

BXR1121

Ligar e desligar

Tomada eletrica

ATRAS DA TELA
Conexão de cor verde

1- O Subwoofer faz o som de baixa frequência, bem baixo e dar sensação que o som estar em volta da sala (esse coloca-se no chão para ser mais eficiente).

2- Caixa de som.

CÂMERA (WEB CAM)

Quando o computador não vem com a Web Cam (câmera) na tela, a maioria das telas de computador já trás a câmera, embutida na tela, se não tem, veja abaixo alguns exemplos de Câmeras (webcam). Normalmente a câmera acompanha um disco de instalação, é muito fácil instalar, coloque o disco no computador e siga as instruções na tela e em 2 minutos sua câmera estará instalada.

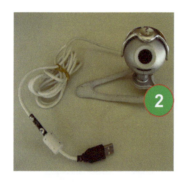

1- Esse modelo é bem popular para computadores de mesa (Desktop), e também pode ser usada nos computadores portáteis.

2- Porque é muito versátil, pois, tem um pé de borracha ajustável, como também sua lente é giratória até 360 graus.

3- Esse modelo é muito usado no computador portátil (Laptop), por isso é muito pequena, mais isso não quer dizer que você não possa usa-la nos computadores de mesa(desktop).

Nessas câmeras já estar embutido o microfone, e nos parâmetros do computador, você pode escolher a qualquer momento, qual microfone que você deseja utilizar, o da câmera ou o do computador.

CONEXÃO DO TECLADO

Existem vários tipos de teclado do mais simples até o com conexão sem fio, no entanto, qualquer teclado tem as funções básicas, das quais, a principal é escrever; com um pouco de prática; qualquer um, em pouco tempo, estará datilografando muito bem.

O teclado é conectado ao computador, em qualquer tomada de USB 2.0 A ou PS/2 se o computador não tiver a mesma tomada é necessário usar um adaptador.

SE o teclado NÃO ESTIVER CONNECTADO-assim que você conecta-lo, o computador detecta e emite sons, as vezes, abre uma janelinha que aparece e desaparece na direita embaixo, no rodapé, reconhecendo e confirmando a conexão.

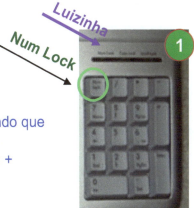

1- Para quem não estar acostumado com o teclado, note que, a tecla NumLock, quando se pressiona 1ª vez a luzinha encima acenderá, indicando que os números poderam ser usados. Pressionando a 2ª vez a luz apaga, e os números quando pressionados não funcionarão; somente os sinais de mais + menos- * / irão funcionar com a luizinha apagada.

CONEXÃO DO MAUSE

 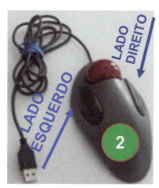 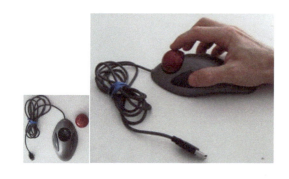

Como o Teclado, existem vários modelos de mause: dos mais simples aos de conexão sem fio, e aos que performam variedades de funções, porém, o que todos tem em comum, é o **Botão da Esquerda**, *o* qual, se clica normalmente, com o dedo polegar (indicando ao computador a escolha) **e o** *Botão da* *Direita,* que, quando pressionado mostra uma lista de opções, as quais, você escolherá clicando com Botão do Lado Esquerdo (dedo Polegar).

Para quem escreve com a mão esquerda (canhoto), o dedo de clicar continua o mesmo,(dedo Polegar) mais antes terá que configurar o mause para que o lado Direito seja o botão de escolha.

SE o mause NÃO ESTIVER CONNECTADO-assim que você o conectar, o computador detecta e emite sons, as vezes, abre uma janelinha que aparece e desaparece no rodapé na sua direita reconhecendo e confirmando a conexão**.**

1- Coloque o mause em uma superficie plana manobre (arrastando) em todos os sentidos para encontrar e apontando o ítem desejado para clicar.

2- Esse não precisa mudar de lugar nem segurar firme, move-se a bola, em todos os sentidos com qualquer dedo. Clica-se com o polegar ou com o dedo que é mais confortavel.

CONEXÃO DA IMPRESSORA

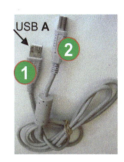

1- Esse USB 2.0 **A** conecta-se ao computador.

2- Esse USB **B** conecta-se na impressora.

3- Cartucho de tinta, cada impressora tem seu cartucho específico esse é da canon em preto.

4- Cartucho de tinta em cores, esse é da HP.

Se for a primeira vez, primeiro conecta-se a impressora ao computador, depois Liga-se a impressora na tomada elétrica, e por último aperta-se o botão de ligar da impressora.

Normalmente o computador reconhece a impressora imediatamente, assim como faz com o teclado e o mause. Um disco de instalação, acompanha a impressora, caso o computador não reconheça a impressora: coloca-se o disco e segue-se as instruções na tela, o ultimo passo é clicar terminar**, então a impressora estará instalada.**

LIGAR O COMPUTADOR NO PROTETOR DE CORRENTE

É recomendado não ligar a tomada do computador, como também a da impressora, e a tela, diretamente na parede, pois, em caso de oscilação de corrente elétrica, pode-se danificar o computador, e seus periféricos, é aconselhavel usar um protetor de corrente elétrica.

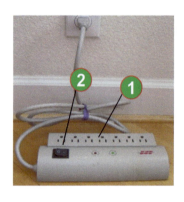

1- Indica oscilações na corrente

2- Botão de ligar e desligar

3- As vezes o botão de ligar e desligar é o mesmo de zerar

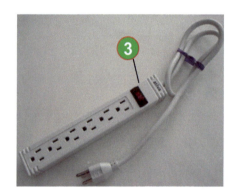

Existem vários tipos de protetor de corrente elétrica, o mais importante é que ele tenha o botão de ligar e desligar, como tambem o botão de zerar. No caso de uma queda de corrente, o botãozinho vermelho o qual, estar sempre acesso, piscará, avisando que houve oscilação, então é necessario pressionar uma vez, para o mesmo parar de piscar, e continuar a proteger, mantendo a corrente elétrica estável.

COMPUTADOR PORTÁTIL (LAPTOP)

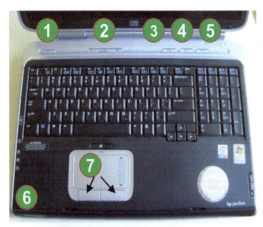

1 - Botão de ligar e desligar.

2- Volume do auto falante aumentar diminuir e mudo.

3- Ouvir música vai direto nas músicas que estão no computador.

4- Vai direto nas fotos do computador.

5- Ligar e desligar a internete.

6- Auto -falante

7- Mause lado direito e esquerdo

Parte de baixo:

8 -A pilha ou bateria.

9 - Ventiladores

Parte de trás:

10- Conexão para impressora

11- Opção para conectar outra tela tomada (VGA)

Os Lados esquerdo e direito:

12- Conexão para projetor.

13- Tomada para câmera/video.

14- Entrada para ouvido e microfone.

15- Compartimento leitura de cartões (SD) e Mini SD PRO DUO. Usados em câmera digital,

16- Tocador de DVD/CD.

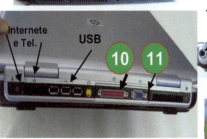

CAPÍTULO 2

VISUALIZAR A TELA

Nesse Capítulo mostrarei passo a passo o que você verá quando ligar o computador pela primeira vez. É muito importante colocar o correto fuso horário, será essa hora que o computador vai se referir no arquivo de documentos. Quanto ao nome, que é requisitado quando você liga o computador pela primeira vez, o computador registra esse nome, como o Administrador, mais tarde você verá que esse nome estará nos cabeçários das janelas dos arquivos de documentos. Ajustar o mause a sua conveniência, é um passo muito simples, bem como colocar no menu iniciar o que lhe convém. Muitas vezes, o computador da família será usado por várias pessoas, é conveniente que, cada usuários tenha a privacidade de, usando uma senha (ou não), ter o seu espaço privado dentro da memória do computador, isto é quando você adiciona novo usuário.

2

- Ligar o computador
- Àrea de trabalho
- Menu Iniciar
- Ajustar o mause
- Personalizar o menu Iniciar
- Adicionar programas
- Excluir programas
- Adicionar novo usuário
- Trocar usuário

LIGAR O COMPUTADOR

Quando você ligar o computador pela primeira vez, dependendo do computador, pode levar até 30 minutos para que o computador acesse todos os componentes. Nesse tempo, ele desligará automático e religará, como também, lhe dará um questionário, que você tem que preencher, como o nome; pode ser seu nome ou qualquer nome que você desejar; esse nome, o computador vai registrar como Administrador, tambem lhe dará a opção para colocar uma senha. (A senha não é obrigatório, é preferível que você não coloque senha, você pode colocar a senha em outra ocasião). Dependendo do computador, pode lhe perguntar o nome do País, a Língua do país e o Fuso horário.

O computador já vem com o relógio interno marcando a hora mundial correta, quando você colocar seu fuso horário o relógio vai marcar a hora correspondente ao seu fuso horário.

No Brasil são tres **UTC-2** abrange Arquipélago de Fernando de Noronha e Ilha de Tridade. **UTC-3** horário de Brasília regiões Sul, Sudeste e Nordeste, Estados de Goiás, Tocantis,Pará e Amapá. **UTC-4** Estados do Mato Grosso, Mato Grosso do Sul, Amazonas, Rondônia, Acre e Roraima.

O Computador vai lhe perguntar sobre o serviço de internete, porque se tiver disponível, ele tentará conectar.

Depois que todas as informações estiverem preenchidas, é possível (dependendo do computador) que o mesmo, desligue e religue autómatico, e por fim, lhe mostrará essa tela, com o nome que voce escolheu. Coloque o ponteiro do mouse na foto e clique, para abrir o computador.

AREA DE TRABALHO

Depois que você clicar no seu nome (o nome que você criou) você verá uma janela similar a esta.

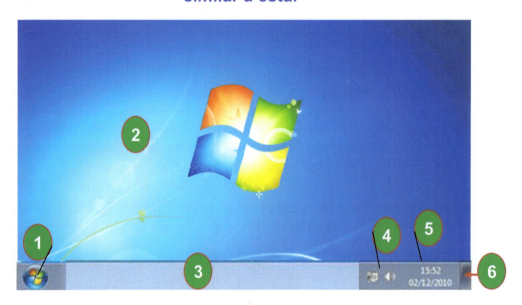

1 - Botão iniciar

2- A Tela é chamada area de trabalho

3 – A Barra de tarefa

4 – O auto-falante

5 – O relógio e data

6 – Quando na tela você tem muitas janelas abertas, clicando nesse pequeno espaço, você verá na tela (àrea de trabalho), os icones, que são pequenos desenhos representando os programas, os quais, você colocou na tela.

MENU INICIAR

Na sua tela a qual, é a sua área de trabalho ou na barra de Tarefas, você pode criar atalhos, colocando os programas que você usa mais frequente. Os programas mais usados podem também serem colocados na lista que se forma quando você clica uma vez, o botão **INICIAR.** Essa lista, geralmente é padrão, já vem no computador, mais você pode modifica-la, tirar ou colocar os programas que estão nessa lista padronizada.

1 –Clique o botão **Iniciar** para ver o Menu Iniciar (lista padão).

2 - O computador lhe dar opções de fotos, mas você pode escolher a sua própria foto, desde que ela esteja no computador.

3 – Aqui fica o nome que você escolheu, quando ligou o computador pela primeira vez, e preencheu o questionário..

4- Nesta área existe uma linha quase invisível, na qual a parte de cima fica os programas que você escolheu, e na parte de baixo ficarão os programas que foram abertos recentemente. Você tambem pode escolher a a quantidade de programas que você quer na lista.

MENU INICIAR

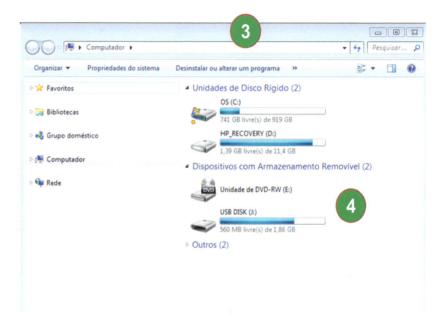

1- Clique no botão **Iniciar**

2- Clique em **Computador**

3 – Nesta janela você pode visualizar a quantidade de memória do disco rígido, e os componentes removível do computador, como, câmeras, telefones, pen drive, etc.

4- Se você conectar: câmera, telefone, cartão de memória, ou pen drive, o computador reconhecerá e mostrará nesta área.

AJUSTAR O MAUSE

O mouse vem ajustado como padrão para quem usa a mão direita para escrever. O botão do mouse pode ser ajustado para quem escreve com a mão esquerda (canhoto)

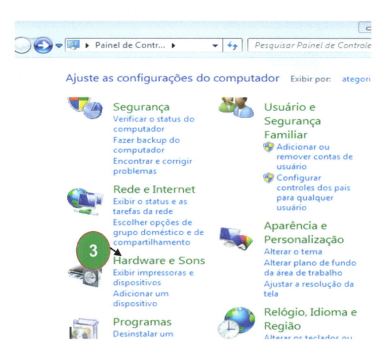

1- Clique no botão **Iniciar**

2- Clique em **Painel de controle**

3- Clique em **Hardware e Sons** você verá várias opções.

AJUSTAR O MAUSE

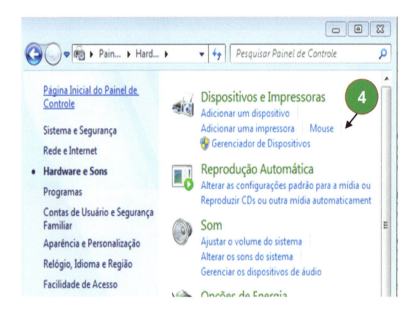 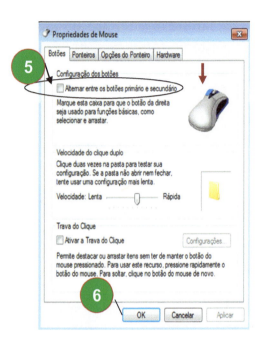

4 – Clique em **Mause**

5 - Como você pode ver o mause já está indicando qual é o botão padrão. Se você usa a mão esquerda marque nesse quadradinho.

6 – Clique **OK**

PERSONALIZAR O MENU INICIAR

Barras de tarefas

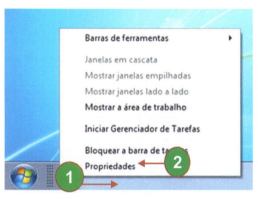

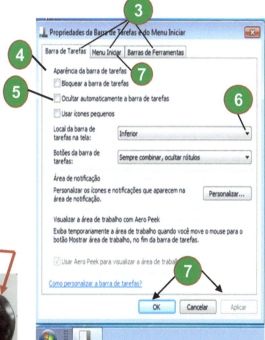

1 - Coloque o ponteiro do mouse, em qualquer área vazia na Barra de Tarefas, clique o **lado direito** do mouse,(se você usa o mouse ajustado para a mão esquerda, clique o lado esquerdo do mouse) você verá essa lista de opções.

2- Clique propriedades

3- A janela de propriedades aparecerá,note que ela contém 3 abas :Barra deTarefas, Menu Iniciar, Barras de Ferramentas

4- Com o ponteiro do mouse marque, para que a a barra de tarefas fique constante visível na tela

5- Marque se preferir oculta-la

6- Escolha a posição da Barra de Tarefas, se preferir: em cima, do lado, ou embaixo,cuja posição, é padrão.
.

7 -Após fazer sua seleção clique **Aplicar** Clique **OK** ou Clique na Aba **Menu Iniciar** para Continuar a personalizar

PERSONALIZAR O MENU INICIAR

Menu Iniciar

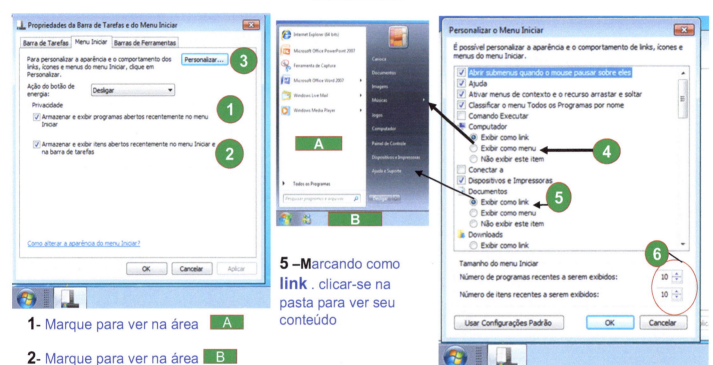

5 –Marcando como **link** . clicar-se na pasta para ver seu conteúdo

1- Marque para ver na área   A

2- Marque para ver na área   B

3- Clique para personalizar o Menu iniciar.

4- Note: que marcando como **menu,** você verá uma setinha, que quando se **aponta** com o ponteiro do mause, o conteúdo da pasta é visto em uma lista.(veja n° 6)

6- Escolha a quantidade para a área   A e em **Recentes Itens, (**opção p/incluir no menu iniciar) quando a opção ④ acima for exibir como menu

PERSONALIZAR O MENU INICIAR

Barras de Ferramentas

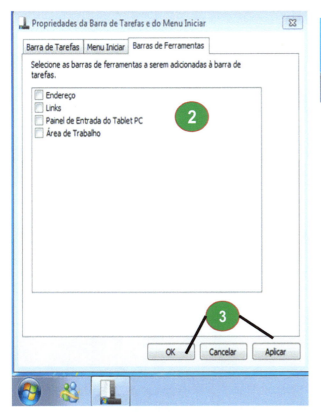

1 – A Barras de ferramentas estar localizada nesta área ao lado do relógio.

2 - Com o ponteiro do mouse, marque o que deseja colocar na barras de ferramentas.

3 -Depois que você fez todas as escolhas seu Menu Iniciar estará personalizado. Clique **Aplica**r e Clique **OK.**

ADICIONAR PROGRAMAS AO MENU INICIAR, BARRA DE TAREFAS E ÁREA DE TRABALHO

A finalidade de colocar programas no Menu Iniciar, é de poder abri-los somente com um clique, sem haver a necessidade de procurá-los no computador.

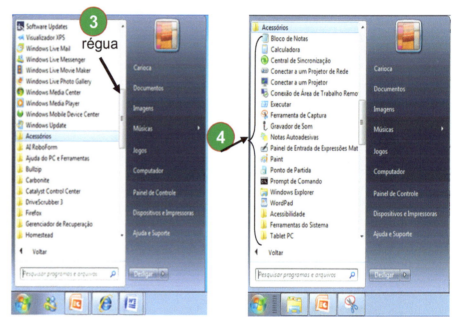

1- Clique em **Menu Iniciar.**

2 – Clique nessa linha, em **Todos os Programas**.

3 –Coloque o ponteiro do mause na **régua**, Pressione o clique, segure, e puxe para cima e para baixo, procure Acessórios. Solte o clique. Aponte o ponteiro em **Acessórios** e clique um vez.

4 – Você verá a lista de programas, que estão dentro da pastinha amarela,chamada **Acessórios**, e dentro dela há programas, e outras pastinhas amarelas, as quais, contém lista de programas. Para visualizá-las ou abri-las, aponte com o mause e clique uma vez.

ADICIONAR PROGRAMAS AO MENU INICIAR, BARRA DE TAREFAS E ÁREA DE TRABALHO

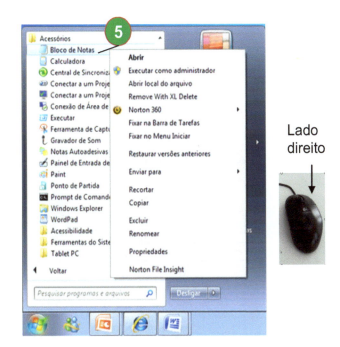

Lado direito

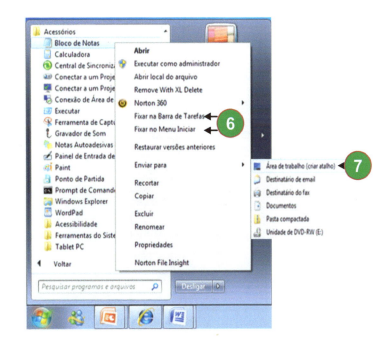

5- Para adicionar o programa Bloco de Notas,Coloque o ponteiro do mause em **Bloco de Notas,** clique o **lado direito** do mause,(se você usa o mause ajustado para a mão esquerda clique o lado esquerdo do mause) você verá essa lista de opções

6- Coloque o ponteiro do mause na opção desejada. Clique com o dedo polegar (lado **esquerdo** do mouse)

7- Coloque o ponteiro do mause em **Enviar para**, você verá essa lista, deslize o ponteiro do mause, até a opção **Área de trabalho (criar atalho)** clique com o dedo polegar (lado esquedo do Mouse).

EXCLUIR PROGRAMAS DO MENU INICIAR
BARRA DE TAREFAS E ÁREA DE TRABALHO

Como você pode ver **Bloco de Notas** foi para o **Menu Iniciar**, **Barra de tarefas** como também para a **Área de trabalho** (tela)

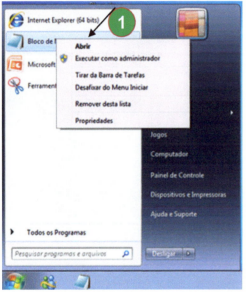

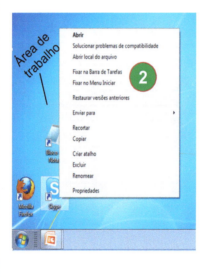

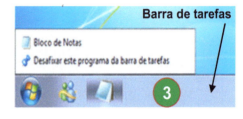

3- Para retirar Bloco de Notas, ou qualquer programa que estiver na Barra de tarefas faça o mesmo. Clique com o polegar (lado esquerdo do mause) Clique em **Desafixar esse programa da barra de tarefas**

1 -Para retirar Bloco de Notas do Menu Iniciar, coloque o ponteiro do mouse em Bloco de Notas, clique o lado DIREITO do mause, para ver a lista de opções. Coloque o ponteiro do mause na opção **desejada** e clique com o dedo polegar, lado esquedo do mause.

2- Faça o mesmo para retirar qualquer icones ou programas que estiverem na Área de trabalho (ou tela).

ADICIONAR NOVO USUÁRIO

Criar Nova Conta de Usuário

A finalidade de criar nova conta ou novo usuário ao computador é a privacidade de cada usuário. Cada usuário com sua senha terá acesso somente aos documentos criados por ele. É como se fosse um computador separado para cada usuário dentro de um só computador.

1- Clique no Botão **Iniciar**

2- Clique **Painel de Controle**

3- Em **Contas de Usuário e Segurança Familiar**.
Clique em **Adicionar ou Remover contas de usuário**

41

ADICIONAR NOVO USUÁRIO

Criar Nova Conta de Usuário

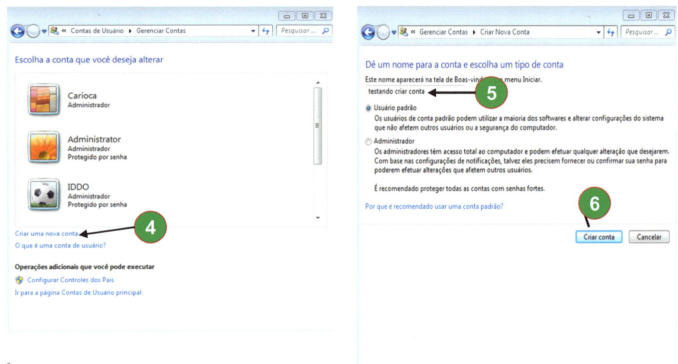

4- Nessa Janela clique em Criar uma nova conta

5- Coloque o ponteiro do mause nesse espaço, escreva o nome da nova conta. Marque **Usuário padrão.** O Adminstrador também pode colocar restrições de uso e acesso, usando o controle dos pais. (eu escrevi **testando criar conta)**

6 - Clique **Criar conta**

ADICIONAR NOVO USUÁRIO

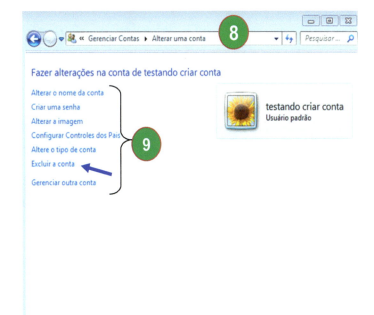

7- A conta que eu criei. Clique em <u>**testando criar conta**</u> para fazer alterações. você verá a janela ⑧

9- A cada opção, clique para fazer as modificações referentes a nova conta. Ou clique <u>**Excluir**</u> para retirar a conta

TROCAR O USUÁRIO

Você pode adicionar quantos usuários desejar no seu computador.
Quando você ligar o computador, você verá na tela todos os icones dos usuários, clique na foto do usuário desejado, coloque a senha (se tiver), para acessar o computador.

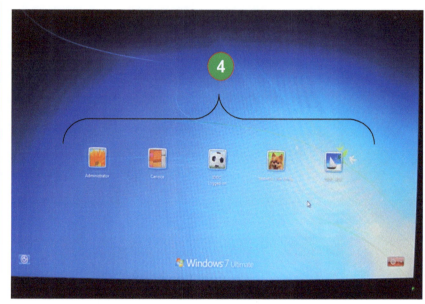

1 – Clique o botão **Iniciar**

2- Clique nessa <u>setinha</u> para ver as opções de ligar.

3- Clique em **Trocar de usuário-** é recomendável clicar em **Fazer logoff,** (desligar corrente usuário), porque se não, os programas usados pelo o usuário anterior, ficaram abertos, usando assim, espaço na memória do computador.

4 - Em seguida, clique na foto, correspondente ao usuário, desejado coloque a senha correspondente (se tiver).

5- Clique **Desligar** para completamente desligar o computador.

CAPÍTULO 3

INTRODUÇÃO A ARQUIVOS EPASTAS

- Introdução a arquivos e pastas
- Componentes da janela de arquivo
- Criar um novo arquivo
- Abrir arquivos
- Organizar pastas do arquivo
- Criar nova pasta
- Excluir arquivos e pastas
- Visualizar o conteúdo do pen drive cartões telefonicos, câmeras
- Adicionar fotos
- Visualizar a foto em toda a tela
- Ouvir música e ver vídeo
- Adicionar música ao computador
- Windows Media Player
- Copiar do CD para o computador
- Copiar do computador para o CD
- Adicionar vídeos ao computador

Arquivo é o local onde se guarda e se organiza todos os documentos contido no computador. Nesse capítulo você aprenderá como criar, excluir e abrir pastas para seus documentos. Você irá aprender como visualizar o conteúdo do Pen drive, cartões telefônicos e câmeras. Você poderá acessar a sua pasta de música direto da janela dos seus documentos ou usando o programa Windows Media Player. Você verá como é fácil copiar um CD de músicas para o computador e vice-versa, adicionar seus próprios vídeos na sua pasta de vídeos.

ARQUIVOS E PASTAS

No disco do computador, há programas instalados, pastas de documentos de todos os tipos, os quais, são organizadas como em um Arquivo comum de escritório, por exemplo: na gaveta de Arquivo de um escritório, são arquivadas pastas suspensas, a cada pasta é dada um nome identificando-as, pelo tipo de documento que estão dentro delas. No computador, pode haver vários Arquivos; e em cada arquivo pode haver documentos soltos, como também, várias pastas de documentos, e dentro dessas pastas, podem estar outras pastas; e assim sucessivamente. Umas dentro das outras. O local no computador, onde todos os Arquivos estão localizados é chamado de C, que pode tambem conter Arquivos separados para cada usuário, veja o diagrama.

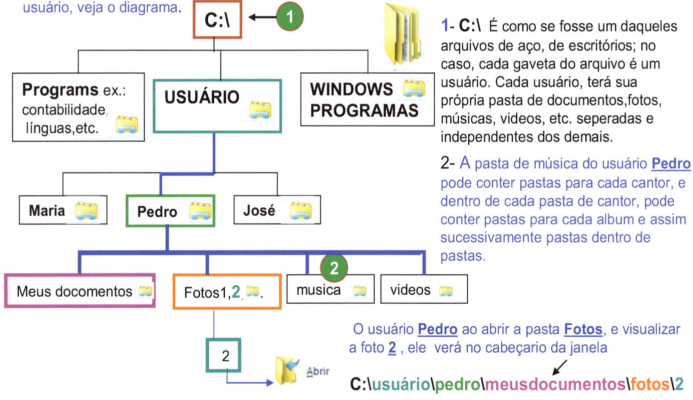

1- **C:** É como se fosse um daqueles arquivos de aço, de escritórios; no caso, cada gaveta do arquivo é um usuário. Cada usuário, terá sua própria pasta de documentos,fotos, músicas, videos, etc. seperadas e independentes dos demais.

2- A pasta de música do usuário **Pedro** pode conter pastas para cada cantor, e dentro de cada pasta de cantor, pode conter pastas para cada album e assim sucessivamente pastas dentro de pastas.

O usuário **Pedro** ao abrir a pasta **Fotos**, e visualizar a foto **2** , ele verá no cabeçario da janela

C:\usuário\pedro\meusdocumentos\fotos\2

COMPONENTES DA JANELA DE ARQUIVO

1- Painel de navegação.

2- Botão de avançar e voltar.

3- Barra de feramentas.

4- Barra do endereço.

5- Nome da pasta.

6- Cabeçario da coluna.

7- Lista do conteúdo.

8- Barra da pesquisa.

9 –Modificar visualização da lista.

10- Fechar a janela.

11-Painel de detalhes

12- Coloque o ponteiro do mause nas linhas verticais de dentro, e nas linhas periféricas.

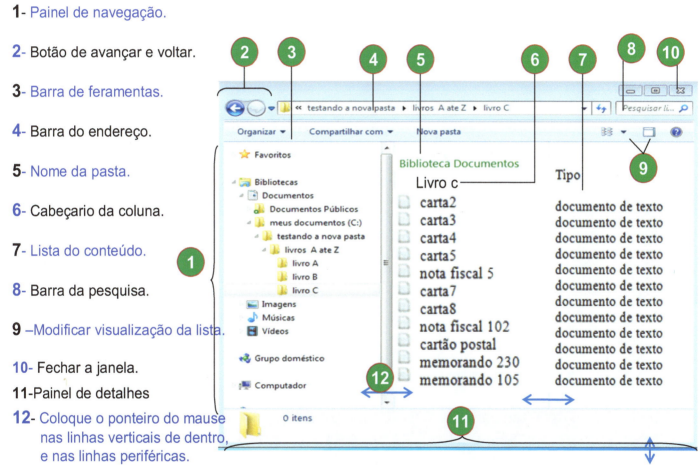

O mause mudará de formato, para 2 setas em direções opostas. Clique e segure firme, movimente para esquerda e direita, assim aumentando e diminuindo a largura e tamanho das colunas e da janela.

CRIAR UM NOVO ARQUIVO

O Windows7 vem com o arquivo padrão chamado Bibliotecas mas outros podem ser criados com nome diferente.

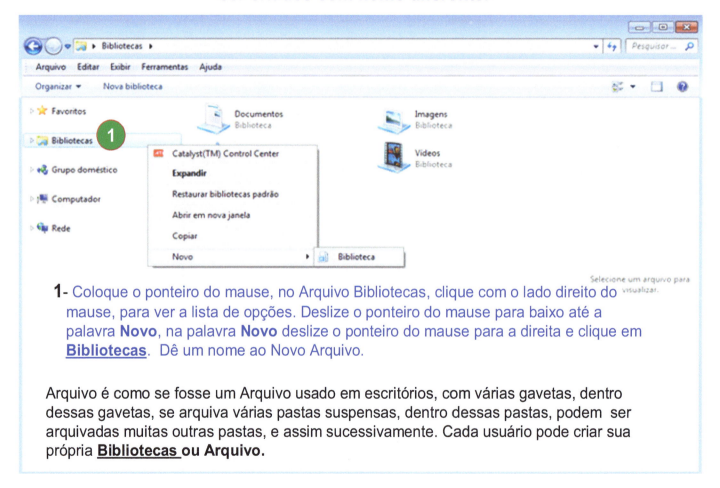

1- Coloque o ponteiro do mause, no Arquivo Bibliotecas, clique com o lado direito do mause, para ver a lista de opções. Deslize o ponteiro do mause para baixo até a palavra **Novo**, na palavra **Novo** deslize o ponteiro do mause para a direita e clique em **Bibliotecas**. Dê um nome ao Novo Arquivo.

Arquivo é como se fosse um Arquivo usado em escritórios, com várias gavetas, dentro dessas gavetas, se arquiva várias pastas suspensas, dentro dessas pastas, podem ser arquivadas muitas outras pastas, e assim sucessivamente. Cada usuário pode criar sua própria **Bibliotecas ou Arquivo.**

ABRIR ARQUIVOS E PASTAS

Abrir pasta do Arquivo através do menu Iniciar e o Usuário

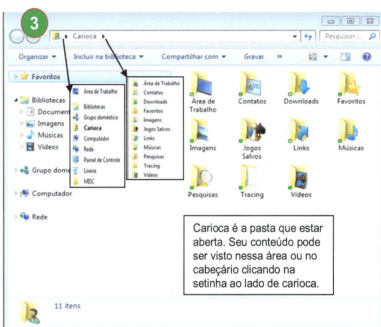

Carioca é a pasta que estar aberta. Seu conteúdo pode ser visto nessa área ou no cabeçário clicando na setinha ao lado de carioca.

1 - Existem várias formas de abrir a pasta de documentos,uma delas é clicar no botão **Iniciar.**

2- Clique no seu nome (nome que você deu ao computador, quando você ligou pela primeira vez). Este será o primeiro da lista do Menu Iniciar. (o meu é carioca)

3- No cabeçário dessa janela, há uma pastinha amarela, e o nome **Carioca**. A setinha na frente da pastinha amarela, indica que Carioca é uma das pastas dentro da pasta amarela. A pequena setinha na frente, da palavra **Carioca**, indica haver outras pastas amarelas, dentro da pasta carioca. Click em cada setinha para ver o conteúdo da pasta.

49

ABRIR ARQUIVOS

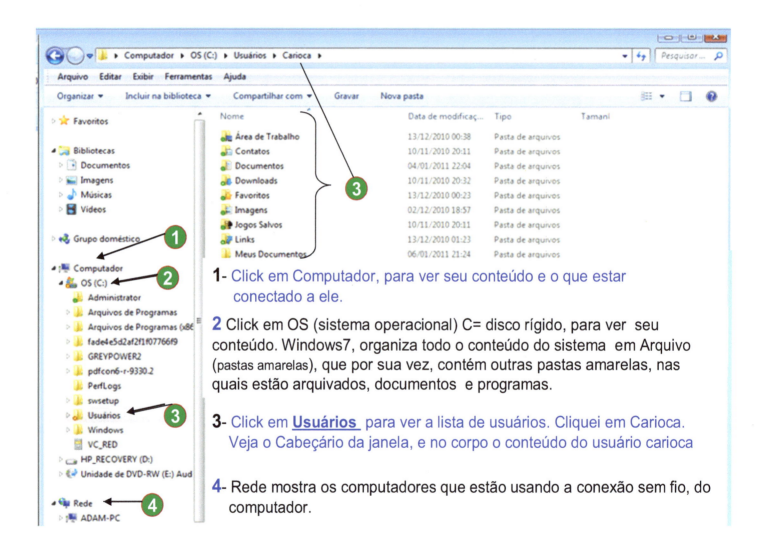

1- Click em Computador, para ver seu conteúdo e o que estar conectado a ele.

2 Click em OS (sistema operacional) C= disco rígido, para ver seu conteúdo. Windows7, organiza todo o conteúdo do sistema em Arquivo (pastas amarelas), que por sua vez, contém outras pastas amarelas, nas quais estão arquivados, documentos e programas.

3- Click em **Usuários** para ver a lista de usuários. Cliquei em Carioca. Veja o Cabeçário da janela, e no corpo o conteúdo do usuário carioca

4- Rede mostra os computadores que estão usando a conexão sem fio, do computador.

ABRIR ARQUIVOS

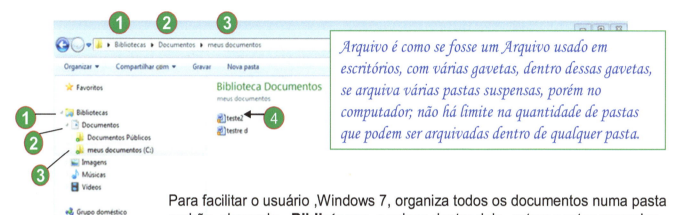

Arquivo é como se fosse um Arquivo usado em escritórios, com várias gavetas, dentro dessas gavetas, se arquiva várias pastas suspensas, porém no computador; não há limite na quantidade de pastas que podem ser arquivadas dentro de qualquer pasta.

Para facilitar o usuário ,Windows 7, organiza todos os documentos numa pasta padrão, chamada - **Bibliotecas**, e coloca dentro dela, outras pastas amarelas chamadas: Documentos, Imagens, Músicas e Vídeos. Você também pode criar sua própria pasta - Bibliotecas. (a que podemos chamar de Arquivo)

1- Nesse caso cliquei na setinha Bibliotecas, a setinha virou um pouquinho para baixo, mostrando o conteúdo da pasta, que é *Documentos, Imagens, Músicas e Videos.*

2- Cliquei na setinha em *Documentos, a setinha* também virou um pouquinho para baixo mostrando o conteúdo da pasta que é *Documentos Públicos, e meus documentos.*

3- Clique em *meus documentos(c)* e esta abriu, mostrando o conteúdo da pasta ao lado (NOTE: no cabeçário em meus documentos não há **setinha do lado**, indica que dentro não há outras pastas amarelas)

4- Cliquei em teste2 para abri, nesse caso é uma receita, que eu posso modificar, enviar por E-mail, Imprimir e salva-la com o mesmo nome ou mudar de nome.
Quando a pasta **teste2** é aberta o cabeçario será 📁 ▸ Blibiotecas ▸ Documentos ▸ meus documentos ▸ teste2

ORGANIZAR PASTAS DO ARQUIVO

Organizar o arquivo movimentando as pastas usando o mause

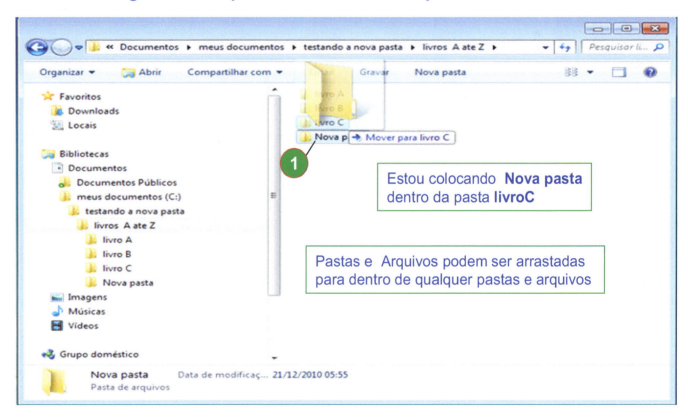

1- Coloque o ponteiro do mause, na pasta que você deseja mudar de lugar. Clique e segure firme o clique; arraste a pasta, e solte onde você deseja colocar. Ao sobrevoar a área você verá o nome da pasta que você estar sobrevoando, ajudando a confirmar, a pasta escolhida.

CRIAR NOVA PASTA

Pode-se criar pastas dentro de pastas já existente no Arquivo de Documentos, Imagens, Músicas e Vídeos, e dentro dessas pode-se criar outras pastas e assim sucessivamente.

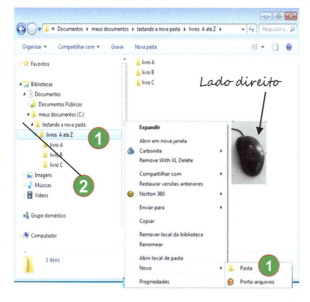

1-Coloque o ponteiro do mause, onde se deseja criar nova pasta ou arquivo. Clique o *lado direito* do mause para ver a lista de opções. Aponte no item **Novo,** deslize o mause para a direita e com o lado **esquerdo** do mouse, clique em **Pasta.**

2- As setinhas viradas para baixo, indicam que as pastas estam abertas, e revela o seu conteúdo, imediatamente abaixo.

3- Coloque o ponteiro do mause e clique na pasta **livro C**, você pode ver que a pasta estar vazia

4 -Note: o cabeçário da janela. Você clicou na pasta **livro C** - veja que depois de **livroC,** não existe setinha; isso indica que dentro de **livroC,** não há outras pastas amarelas (suspensas), pode haver documentos,cartas, planilhas etc. Mas não pastas amarelas. A setinha no cabeçário indica que há pastas amarelas

5-Clicando aqui a nova pasta (amarela) ficará dentro da pasta, que estar aberta nessa janela (veja o cabeçário) nesse caso, dentro da pasta **livroC**, a qual estar vazia. Clique na nova pasta para dar nome.

EXCLUIR ARQUIVOS E PASTAS

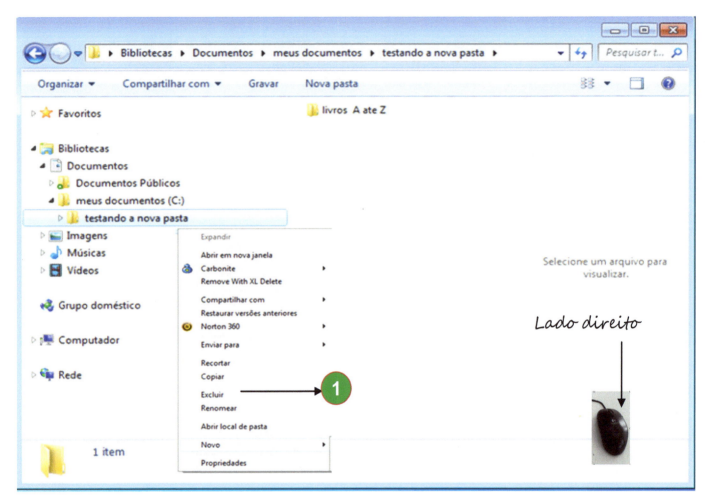

1- Para apagar qualquer pasta ou arquivo, coloque o ponteiro do mause no item que você deseja excluir, clique o lado *direito* do mause, para ver a lista de opções, na lista de opções coloque o ponteiro do mause em Exlcluir, com o lado esquerdo do mouse clique em **Excluir.**

VISUALIZAR O CONTEÚDO DO PEN DRIVE, CARTÕES TELEFÔNICOS CÂMERAS ETC.

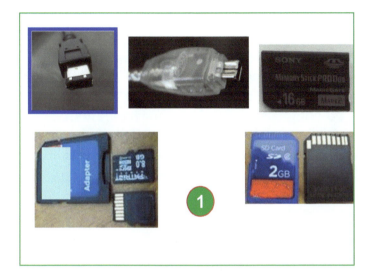

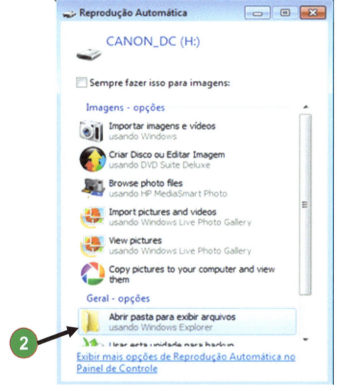

1- Conectando o fio da câmera, ou qualquer um desses cartões acima, uma janela similar a essa ao lado aparecerá.

2- Clique em **Abrir pasta para exibir arquivos**

Para retirar ou disconectar do computador qualquer um desses componentes acima, evitando danificação no computador ou no componente, certifique-se de que os componentes, **não estão** sendo usandos(veja página 69).

VISUALIZAR O CONTEÚDO DO PEN DRIVE, CARTÕES TELEFÔNICOS CÂMERAS

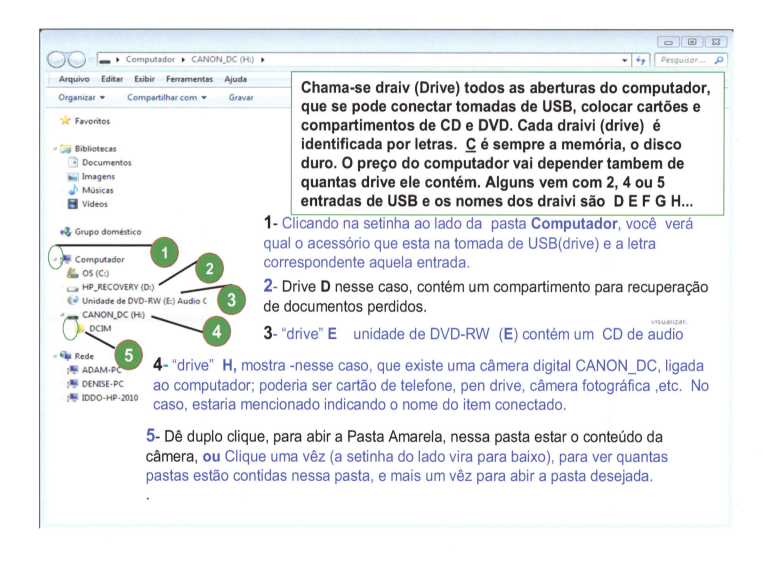

Chama-se draiv (Drive) todos as aberturas do computador, que se pode conectar tomadas de USB, colocar cartões e compartimentos de CD e DVD. Cada draivi (drive) é identificada por letras. C̱ é sempre a memória, o disco duro. O preço do computador vai depender tambem de quantas drive ele contém. Alguns vem com 2, 4 ou 5 entradas de USB e os nomes dos draivi são D E F G H...

1- Clicando na setinha ao lado da pasta **Computador**, você verá qual o acessório que esta na tomada de USB(drive) e a letra correspondente aquela entrada.

2- Drive **D** nesse caso, contém um compartimento para recuperação de documentos perdidos.

3- "drive" **E** unidade de DVD-RW (**E**) contém um CD de audio

4- "drive" **H,** mostra -nesse caso, que existe uma câmera digital CANON_DC, ligada ao computador; poderia ser cartão de telefone, pen drive, câmera fotográfica ,etc. No caso, estaria mencionado indicando o nome do item conectado.

5- Dê duplo clique, para abir a Pasta Amarela, nessa pasta estar o conteúdo da câmera, **ou** Clique uma vêz (a setinha do lado vira para baixo), para ver quantas pastas estão contidas nessa pasta, e mais um vêz para abir a pasta desejada.

VISUALIZAR O CONTEÚDO DO PEN DRIVE, CARTÕES TELEFÔNICOS CÂMERAS

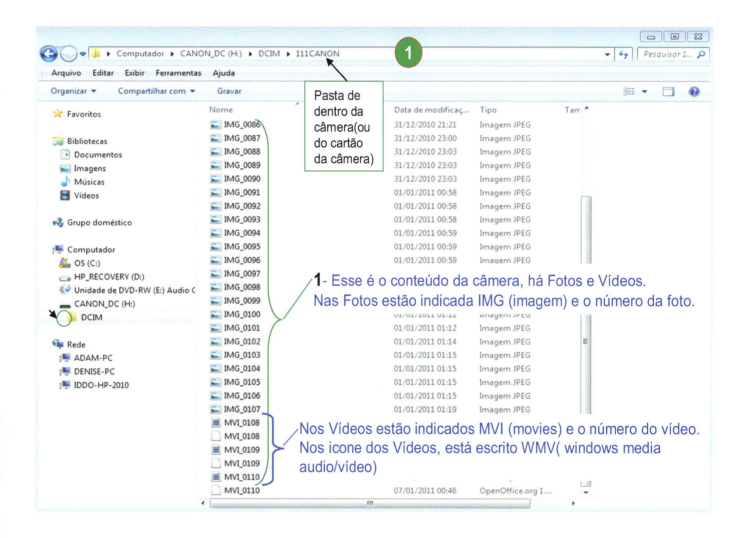

Pasta de dentro da câmera(ou do cartão da câmera)

1- Esse é o conteúdo da câmera, há Fotos e Vídeos.
Nas Fotos estão indicada IMG (imagem) e o número da foto.

Nos Vídeos estão indicados MVI (movies) e o número do vídeo.
Nos icone dos Vídeos, está escrito WMV(windows media audio/vídeo)

ADICIONAR FOTOS NA PASTA DE FOTOS

Copiar da câmera para o computador

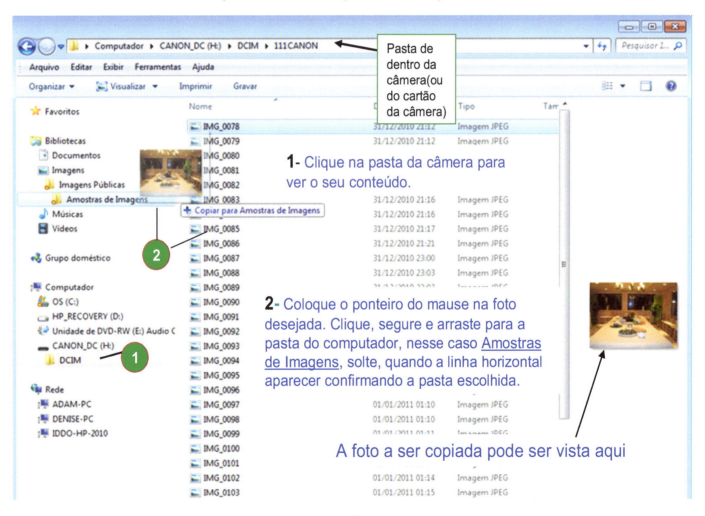

1- Clique na pasta da câmera para ver o seu conteúdo.

2- Coloque o ponteiro do mause na foto desejada. Clique, segure e arraste para a pasta do computador, nesse caso <u>Amostras de Imagens</u>, solte, quando a linha horizontal aparecer confirmando a pasta escolhida.

A foto a ser copiada pode ser vista aqui

ADICIONAR FOTOS NA PASTA DE FOTOS

Copiar da câmera para o computador

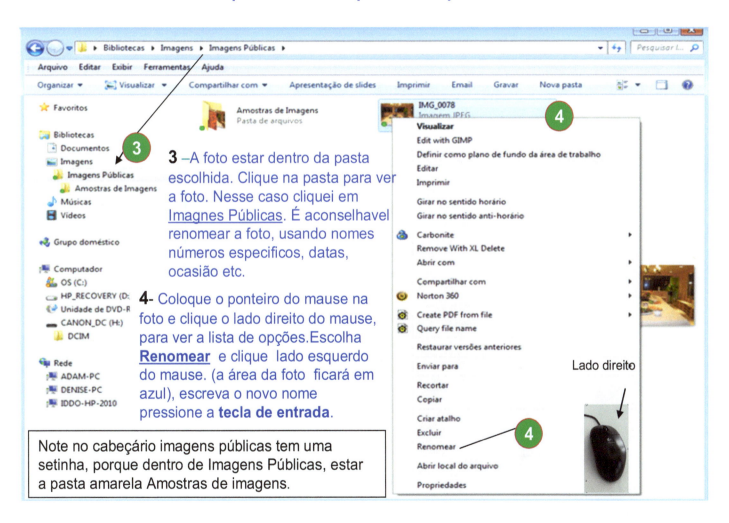

3 –A foto estar dentro da pasta escolhida. Clique na pasta para ver a foto. Nesse caso cliquei em Imagnes Públicas. É aconselhavel renomear a foto, usando nomes números especificos, datas, ocasião etc.

4- Coloque o ponteiro do mouse na foto e clique o lado direito do mouse, para ver a lista de opções.Escolha **Renomear** e clique lado esquerdo do mouse. (a área da foto ficará em azul), escreva o novo nome pressione a **tecla de entrada**.

Lado direito

Note no cabeçário imagens públicas tem uma setinha, porque dentro de Imagens Públicas, estar a pasta amarela Amostras de imagens.

VISUALIZAR A FOTO EM TODA A TELA

1- Dê duplo clique para vêr o conteúdo da pasta.

2- Clique na pasta desejada para abri-la, e clique na foto desejada, para vê-la maior em outra janela.

3- Nesse janela estão todas as opções da foto.

3.1 Clique para aumentar

3.2 Clique para vêr a próxima

3.3 Clique para vêr em toda a tela, e para voltar, clique o lado direito do mause clique sair

3.4 Clique para a foto virar para os lados.

OUVIR MÚSICA VER VÍDEO

Da pasta de documentos

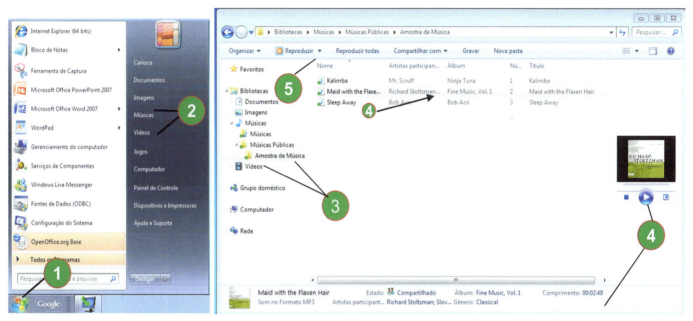

1- Clique no menu **iniciar..**

2- Clique em **Músicas** ou **Vídeos** para ver a janela Bibliotecas.

3- Clique em **Amostras de Música**, ou **Clique Amostra de Vídeo**, para visualizar ao lado direito o conteúdo da pasta, clicada.

4- Clique na música desejada ou no vídeo. Ao lado você verá a capa do album, e opções de pausa, tocar e desligar a música ou vídeo . No rodapé da janela, você verá os detalhes da música como, formato, genero etc.

5- Para ver na janela de WINDOWS MEDIA PLAYER. Clique na setinha de Reproduzir para ver opções, de gravação em **Windows Media Player** e em outros programas

OUVIR MÚSICA E VER VÍDEO

Da pasta de documentos

1- Clique na linha da música para ouvir a música ou ver vídeo na pequena tela ao lado.

2- Dê um duplo clique na linha da música. para ver essa pequena janela

3- Clique nese quadradinho, branco para ir a windows media player

4- Nessa janela clique em *Ir para Biblioteca,* a janela de **windows media player** aparecerá .

5- Ou Clique em **Reproduzir** para escolher o programa desejado para copiar, ouvir música ou ver os vídeos em outros programas.

ADICIONAR MÚSICA AO COMPUTADOR

Usando Windows Media Player

1- Coloque o CD de música no tocador de CD

- Dependendo dos parâmentros você verá uma janela clique na opção tocar o CD.

2- ou essa janela com a foto do album da música que você colocou. A música começará a tocar.

3- Clique nesse quadrado branco para ver outras opções, outra janela vai aparecer.

4- Clique em **Ir para Biblioteca** então o programa Windows Media Player vai abrir.

Existem outros programas para adicionar músicas e vídeos Windows Media Player, é um dos programas usados e vem instalado no computador.

WINDOWS MEDIA PLAYER

Windows media player é um programa que vem com o computador. É usado para ver vídeos, ouvir músicas, e para gravar músicas e vídeos, do computador para outros aparelhos. Pode ser acessado do Botão Iniciar ou da janela de Arquivos e Pastas.

1- Clique o Botão **Iniciar**

2- Clique em **Todos os Programas**

3- Com a régua procure clique **Windows Media Player**

4- Clique para escolher a visualização.

5- Clique na seta, e em **ocultar** para ocultar essa área .

6- Enquanto você escuta a música. Clique nessa seta, em **Reproduzir**, escolha **Windows Media Player** para adicionar a música ao computador(copiar)

COPIAR DO CD PARA O COMPUTADOR

Usando Windows Media Player

1 –Clique o Botão **INICIAR**

2- Clique **Todos os Programas**

3- Com a régua procure e clique em **Windows Media Player**

4- Clique para retirar (o check), se não desejar que todas as faixas passe para o computador.

4.1- Escolha com (o check) as faixas que deseja gravar.

5- Clique **Copiar CD**

COPIAR DO CD PARA O COMPUTADOR

Usando Windows Media Player

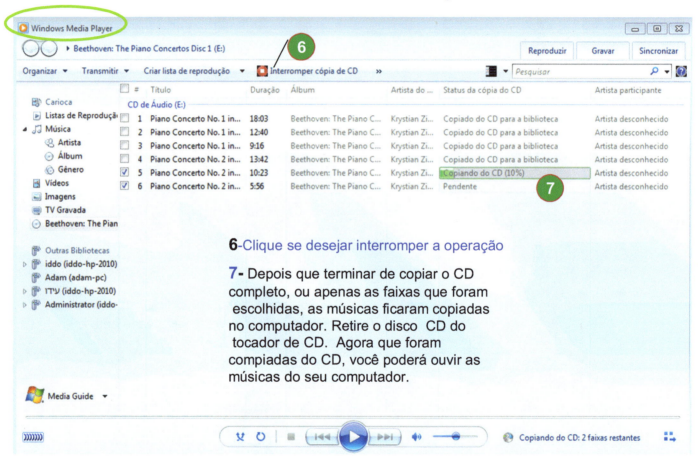

6-Clique se desejar interromper a operação

7- Depois que terminar de copiar o CD completo, ou apenas as faixas que foram escolhidas, as músicas ficaram copiadas no computador. Retire o disco CD do tocador de CD. Agora que foram compiadas do CD, você poderá ouvir as músicas do seu computador.

COPIAR DO COMPUTADOR PARA O CD

Usando Windows Media Player

1- Clique no Botão **Iniciar.**

2- Clique **Todos os Programas**

3 -Clique **Windows Media Player**

4- Clique na aba **Reproduzir**

5 – Clique na pasta de música, procure suas músicas preferidas para fazer a sua lista. Faça a lista para gravar no CD. Clique no nome da música, segure o clique, e solte na área da lista.

6- Coloque aqui,o ponteiro do mause. Clique, escreva o nome da sua lista, você pode fazer varias listas.

7- Clique a seta da esquerda e da direita, para escolher qual a lista a ser gravada no CD.

8- Clique **Salvar a lista ,** para salvar a lista. A lista ficará dentro da pasta **Listas de Reprodução** que windows criou quando voce fez sua 1ª lista..

9- Coloque um CD em branco no tocador. Clique **Gravar-** .embaixo aparecerá a opção para gravar .Click na opção **Iniciar a gravação**

COPIAR DO COMPUTADOR PARA IPOD ou MP3

Usando Windows Media Player

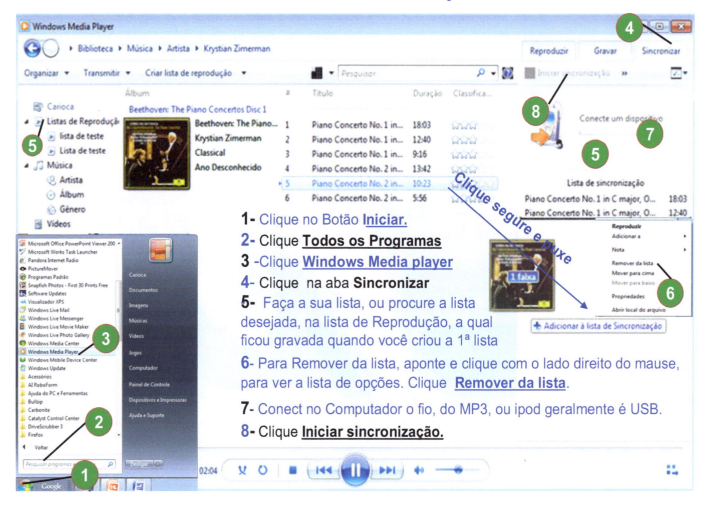

1- Clique no Botão **Iniciar.**

2- Clique **Todos os Programas**

3 -Clique **Windows Media player**

4- Clique na aba **Sincronizar**

5- Faça a sua lista, ou procure a lista desejada, na lista de Reprodução, a qual ficou gravada quando você criou a 1ª lista

6- Para Remover da lista, aponte e clique com o lado direito do mause, para ver a lista de opções. Clique **Remover da lista**.

7- Conect no Computador o fio, do MP3, ou ipod geralmente é USB.

8- Clique **Iniciar sincronização.**

ADICIONAR VÍDEOS AO COMPUTADOR

Copiar da câmera para o computador

1- Conectando o fio da câmera, ou qualquer um desses cartões acima, uma janela similar a essa ao lado aparecerá.

2- Clique em **Abrir pasta para exibir arquivos**

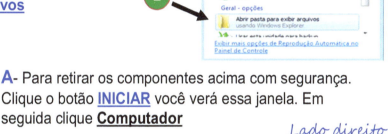

A- Para retirar os componentes acima com segurança. Clique o botão **INICIAR** você verá essa janela. Em seguida clique **Computador**

B – Você verá a relação dos itens ligado ao computador. Coloque o ponteiro do mause no item que deseja retirar. Clique o lado direito do mause, você vera a lista de opções. Clique em **Ejetar.** Então o item pode ser retirado fisicamente com segurança.

C- Ou Clique o botão **INICIAR**- **COMPUTADOR** – Clique uma vez no item desejado e clique **EJETAR** no cabeçário.

ADICIONAR VÍDEOS AO COMPUTADOR

Copiar da câmera para o computador

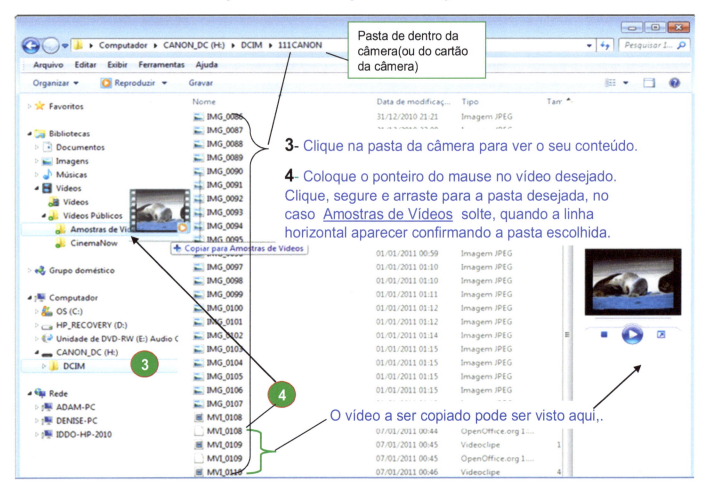

Pasta de dentro da câmera(ou do cartão da câmera)

3- Clique na pasta da câmera para ver o seu conteúdo.

4- Coloque o ponteiro do mause no vídeo desejado. Clique, segure e arraste para a pasta desejada, no caso Amostras de Vídeos solte, quando a linha horizontal aparecer confirmando a pasta escolhida.

O vídeo a ser copiado pode ser visto aqui,.

EXCLUIR E RENOMEAR MÚSICAS E VÍDEOS DO COMPUTADOR

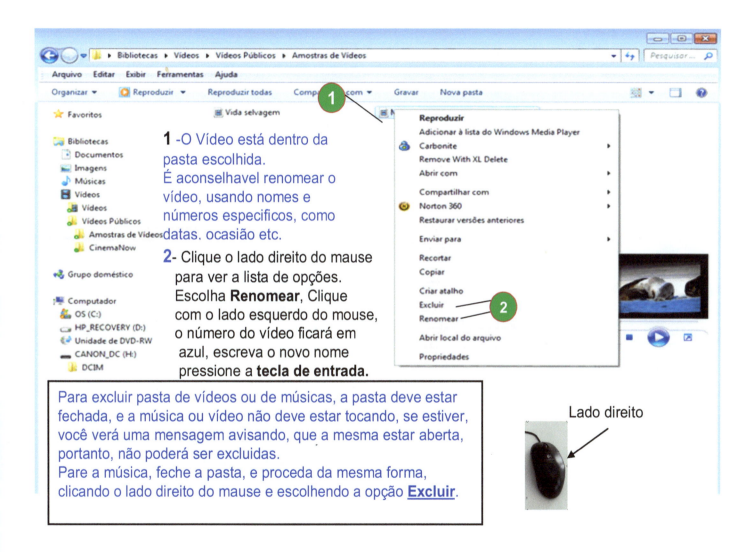

1 -O Vídeo está dentro da pasta escolhida.
É aconselhavel renomear o vídeo, usando nomes e números especificos, como datas, ocasião etc.

2- Clique o lado direito do mause para ver a lista de opções. Escolha **Renomear**, Clique com o lado esquerdo do mouse, o número do vídeo ficará em azul, escreva o novo nome pressione a **tecla de entrada.**

Para excluir pasta de vídeos ou de músicas, a pasta deve estar fechada, e a música ou vídeo não deve estar tocando, se estiver, você verá uma mensagem avisando, que a mesma estar aberta, portanto, não poderá ser excluidas.
Pare a música, feche a pasta, e proceda da mesma forma, clicando o lado direito do mause e escolhendo a opção **Excluir**.

Lado direito

CAPÍTULO 4

INTRODUÇÃO A WORDPAD

- Introdução a WordPad
- Painel de navegação do WordPad
- Escrever um documento
- Modificar as letras
- Modificar os parágrafos
- Anexar documentos
- Salvar documentos
- Imprimir documentos

Wordpad é um programa usado para escrever documentos, o qual já vem instalado no computador. Esse programa é muito fácil de usar, pode-se escrever qualquer tipo de documento como cartas, memorandos etc. Você aprenderá como escrever um documento e modificar o seu formato, o tamanho e cor da letra, incluir formulas como exponenciais e funções. Você verá que ajustar os paragráfos, da maneira que você quer, é muito simples como também marcar o texto e anexar, fotos, ou outras imagens. Por fim, você aprenderá a salvar seu documento em pastas no seu computador e se preferir imprimi-lo ou envia-lo por e-mail.

WORDPAD

WordPad é um programa, de Windows, já vem instalado no computador. Usa-se para escrever documentos ex.: cartas, memo etc.

 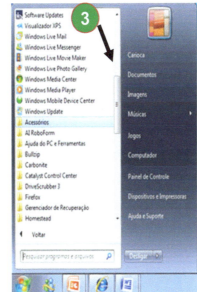 

1 –Clique no menu **Iniciar**

2 – Clique nessa linha, em **Todos os Programas**

3 –Coloque o ponteiro do mause na **régua**,
Aperte o clique, segure, e puxe para cima e
para baixo, procure Acessórios, solte o clique.
Aponte o ponteiro em **Acessórios** e clique um vez.

> Você verá a lista de programas, que estão dentro
> da pastinha amarela, chamada **Acessórios**

4 - Clique em **WordPad**. Para abrir o programa.

NAVEGAÇÃO DE WORDPAD

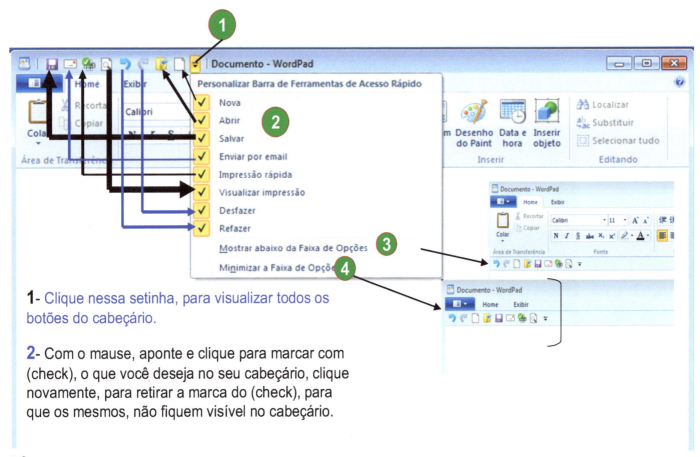

1- Clique nessa setinha, para visualizar todos os botões do cabeçário.

2- Com o mause, aponte e clique para marcar com (check), o que você deseja no seu cabeçário, clique novamente, para retirar a marca do (check), para que os mesmos, não fiquem visível no cabeçário.

3- Marcando essa opção os botões ficaram abaixo do cabeçário da janela .

4- Marcando essa opção, o cabeçário da janela ficará dessa forma, com menos opções visíveis.

ESCREVER UM DOCUMENTO

A janela de WordPad tem apenas 2 abas, que são: Home e Exibir

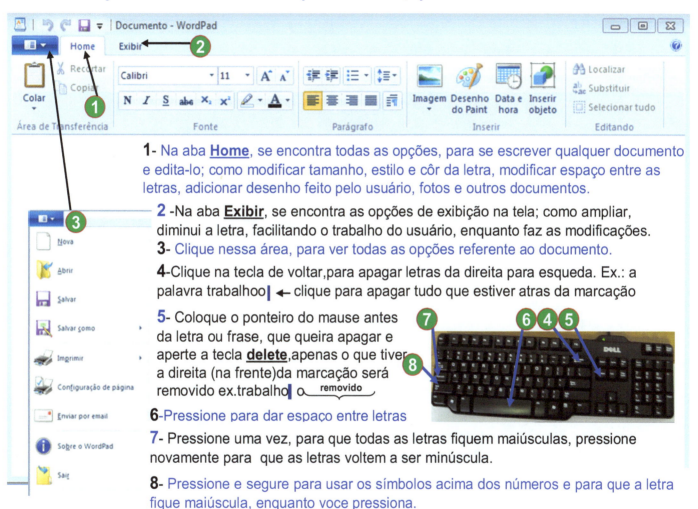

1- Na aba **Home**, se encontra todas as opções, para se escrever qualquer documento e edita-lo; como modificar tamanho, estilo e côr da letra, modificar espaço entre as letras, adicionar desenho feito pelo usuário, fotos e outros documentos.

2 -Na aba **Exibir**, se encontra as opções de exibição na tela; como ampliar, diminui a letra, facilitando o trabalho do usuário, enquanto faz as modificações.

3- Clique nessa área, para ver todas as opções referente ao documento.

4-Clique na tecla de voltar,para apagar letras da direita para esqueda. Ex.: a palavra trabalhoo| ← clique para apagar tudo que estiver atras da marcação

5- Coloque o ponteiro do mause antes da letra ou frase, que queira apagar e aperte a tecla **delete**,apenas o que tiver a direita (na frente)da marcação será removido ex.trabalho| o removido

6-Pressione para dar espaço entre letras

7- Pressione uma vez, para que todas as letras fiquem maiúsculas, pressione novamente para que as letras voltem a ser minúscula.

8- Pressione e segure para usar os símbolos acima dos números e para que a letra fique maiúscula, enquanto voce pressiona.

NAVEGAÇÃO DE WORDPAD

Aba Home - Fonte

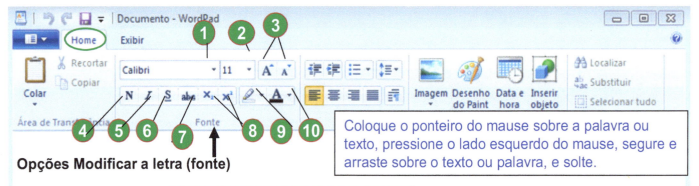

Opções Modificar a letra (fonte)

Coloque o ponteiro do mause sobre a palavra ou texto, pressione o lado esquerdo do mause, segure e arraste sobre o texto ou palavra, e solte.

A área escolhida será **Marcada, o texto ou palavra marcada** pode ser alterado usando todas as opções da fonte. Clique uma vez para tirar o destaque.

1- Clique nessa setinha, para ver a lista de opções de tipo de letra.Clique na sua escolha. O texto continuará com a letra escolhida. Para mudar repita o mesmo processo.

2- Clique nessa setinha, para ver a lista de opções, de número (medida) da letra. Clique na sua escolha. O texto continuará com o tamanho da letra escolhida. Repita o processo para modificar.

3- Clique para aumentar e diminuir a letra, sem ver o número (medida), do tamanho da letra.

4- Clique para a letra ficar em negrito, (intensificar a cor). Clique novamente para voltar ao normal.

5- Clique para a letra ficar (*italica),* um pouco vertical. Clique novamente para voltar ao normal.

6- Clique para que as palavras, fiquem sublinhadas.

7- Clique para que as palavras enquanto você escreve fique com uma linha no meio.

8- Clique para a letra ficar Menor e mais alta ou mais Baixa, do que o letra regular.(ex.: formulas e funções)

9- Clique para opções de cores e escolher a cor, para marcar o texto ou letra (caneta marca-texto).

10- Clique para opções de cores e escolher a cor da letra

NAVEGAÇÃO DE WORDPAD

Aba Home - Parágrafo

Ajustar e modificar a aparência do parágrafo no documento

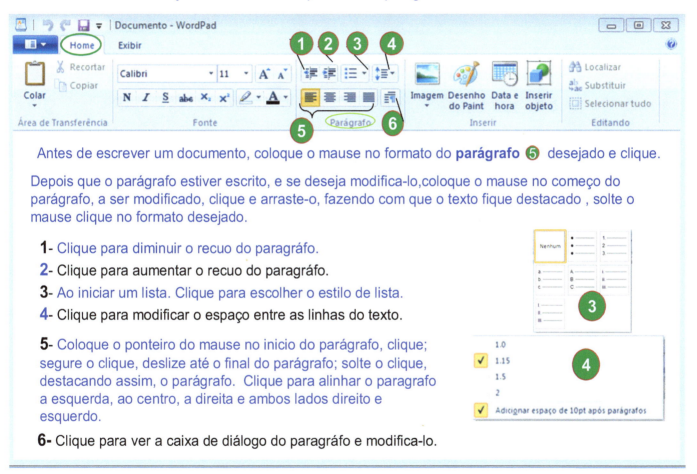

Antes de escrever um documento, coloque o mause no formato do **parágrafo** ⑤ desejado e clique.

Depois que o parágrafo estiver escrito, e se deseja modifica-lo,coloque o mause no começo do parágrafo, a ser modificado, clique e arraste-o, fazendo com que o texto fique destacado , solte o mause clique no formato desejado.

1- Clique para diminuir o recuo do paragráfo.

2- Clique para aumentar o recuo do paragráfo.

3- Ao iniciar um lista. Clique para escolher o estilo de lista.

4- Clique para modificar o espaço entre as linhas do texto.

5- Coloque o ponteiro do mause no inicio do parágrafo, clique; segure o clique, deslize até o final do parágrafo; solte o clique, destacando assim, o parágrafo. Clique para alinhar o paragrafo a esquerda, ao centro, a direita e ambos lados direito e esquerdo.

6- Clique para ver a caixa de diálogo do paragráfo e modifica-lo.

NAVEGAÇÃO DE WORDPAD

Aba Home - Inserir

Adicionar foto e objetos ao documento

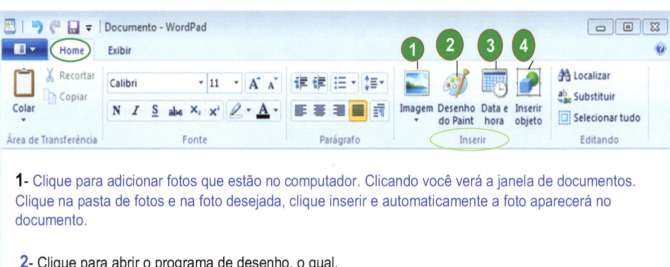

1- Clique para adicionar fotos que estão no computador. Clicando você verá a janela de documentos. Clique na pasta de fotos e na foto desejada, clique inserir e automaticamente a foto aparecerá no documento.

2- Clique para abrir o programa de desenho, o qual, já vem instalado em windows. Faça o desenho que desejar. Clique salvar, e o seu desenho será inserido no documento.

3- Clique para ver e escolher, o formato da data e hora desejada, para ser incluída no seu documento.

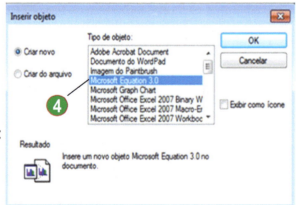

4- Clique para ver a opção e escolher o objeto . Por ex.: símbolo de formulas matemáticas
Clique **OK.**

$\sqrt{}$ Σ

NAVEGAÇÃO DE WORDPAD

Aba Home - Editando

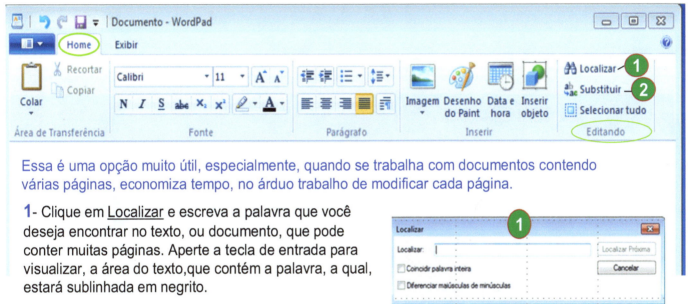

Essa é uma opção muito útil, especialmente, quando se trabalha com documentos contendo várias páginas, economiza tempo, no árduo trabalho de modificar cada página.

1- Clique em <u>Localizar</u> e escreva a palavra que você deseja encontrar no texto, ou documento, que pode conter muitas páginas. Aperte a tecla de entrada para visualizar, a área do texto,que contém a palavra, a qual, estará sublinhada em negrito.

2- Clicando, <u>Substituir</u> você tem a opção de substituir uma palavra, por outra, em todo o texto, ou documento que pode conter muitas páginas.
Por exemplo: no documento foi usado a palavra **casa**, muitas vezes,e ao invés de **casa**, se deseja usar **residência.** Escreva o que deseja, o programa procura em todo o texto a palavra casa, e automaticamente, ao invés da palavra casa, modificará para a palavra que você indicou,no caso residência.

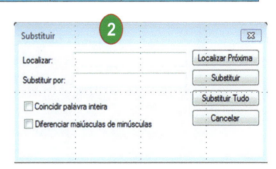

NAVEGAÇÃO DE WORDPAD

Aba Exibir – Zoom, Mostrar ou ocultar

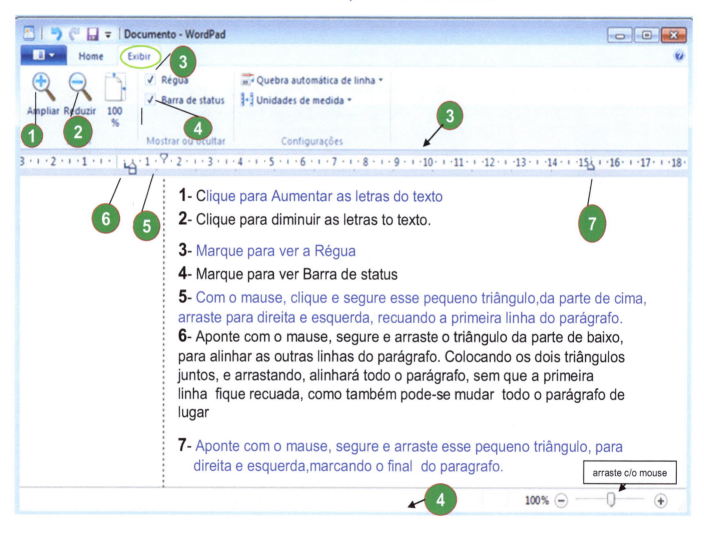

1- Clique para Aumentar as letras do texto

2- Clique para diminuir as letras to texto.

3- Marque para ver a Régua

4- Marque para ver Barra de status

5- Com o mause, clique e segure esse pequeno triângulo,da parte de cima, arraste para direita e esquerda, recuando a primeira linha do parágrafo.

6- Aponte com o mause, segure e arraste o triângulo da parte de baixo, para alinhar as outras linhas do parágrafo. Colocando os dois triângulos juntos, e arrastando, alinhará todo o parágrafo, sem que a primeira linha fique recuada, como também pode-se mudar todo o parágrafo de lugar

7- Aponte com o mause, segure e arraste esse pequeno triângulo, para direita e esquerda,marcando o final do paragrafo.

arraste c/o mouse

NAVEGAÇÃO DE WORDPAD

Aba Exibir – Configurações

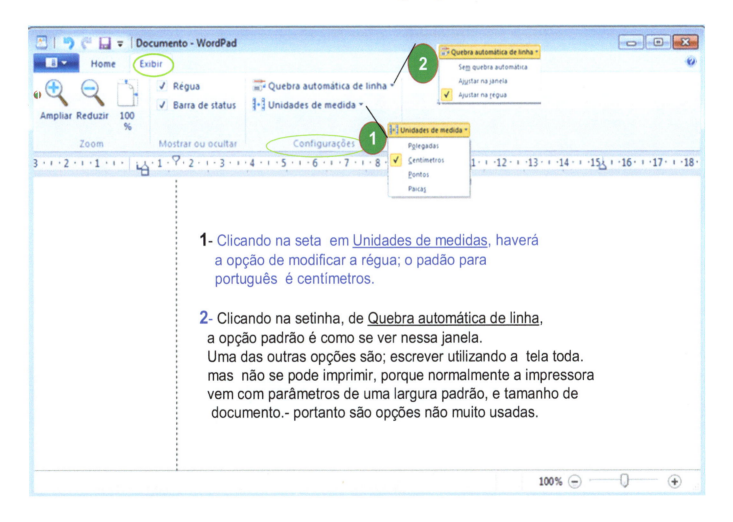

1- Clicando na seta em Unidades de medidas, haverá a opção de modificar a régua; o padão para português é centímetros.

2- Clicando na setinha, de Quebra automática de linha, a opção padrão é como se ver nessa janela.
Uma das outras opções são; escrever utilizando a tela toda.
mas não se pode imprimir, porque normalmente a impressora vem com parâmetros de uma largura padrão, e tamanho de documento.- portanto são opções não muito usadas.

NAVEGAÇÃO DE WORDPAD

Salvar documentos

Para que sua carta, memo ou outro documento, fique arquivado no computador, é necessario salva-lo.

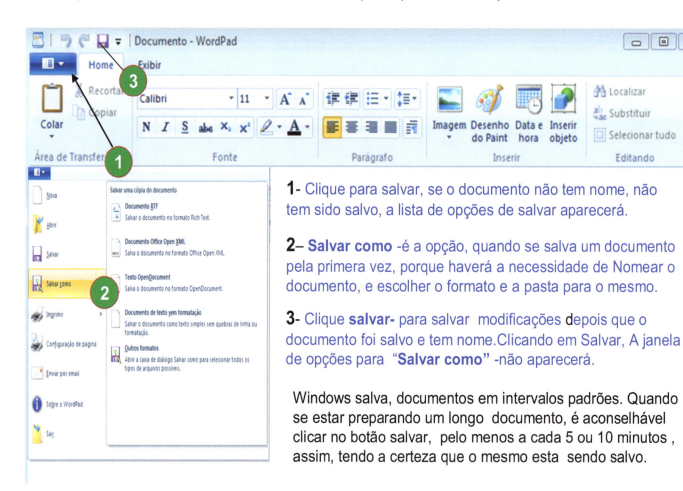

1- Clique para salvar, se o documento não tem nome, não tem sido salvo, a lista de opções de salvar aparecerá.

2– **Salvar como** -é a opção, quando se salva um documento pela primera vez, porque haverá a necessidade de Nomear o documento, e escolher o formato e a pasta para o mesmo.

3- Clique **salvar-** para salvar modificações depois que o documento foi salvo e tem nome.Clicando em Salvar, A janela de opções para "**Salvar como**" -não aparecerá.

Windows salva, documentos em intervalos padrões. Quando se estar preparando um longo documento, é aconselhável clicar no botão salvar, pelo menos a cada 5 ou 10 minutos , assim, tendo a certeza que o mesmo esta sendo salvo.

NAVEGAÇÃO DE WORDPAD

Salvar documentos

1 - Depois de clicar **Salvar como** essa janela abaixo aparecerá para que se escolha, a pasta que se deseja salvar.

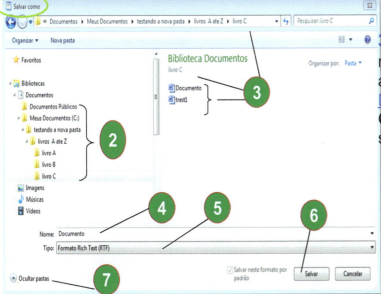

2- Clique nas pastas amarelas, para escolher a pasta, desejada, ou abra uma nova. (cliquei e escolhi a **livro C**)

3 –Note que no cabeçario, a pasta **Livro C**, não tem setinha na frente,(não há pastas amarelas dentro dela), em Bibliotecas Documentos ver-se o conteúdo da pasta **livro C**, (dois itens). O novo documento quando salvo ficará nessa lista.

4- Coloque o ponteiro do mause. Clique, e escreva o nome do novo documento

5- Não há necessidade de mudar esse é o formato padrão

6- Clique em **Salvar**

7- Clique para **ocultar as pastas,** o botão mudará para **Procurar Pastas** ou mostrar.

NAVEGAÇÃO DE WORDPAD

Imprimir documentos

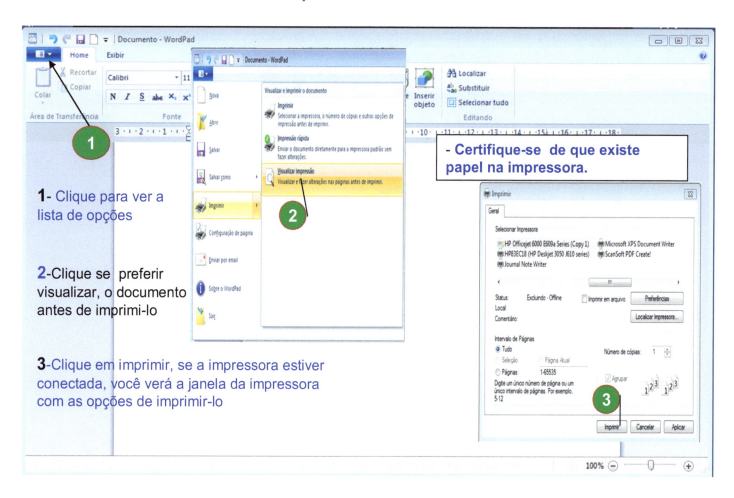

1- Clique para ver a lista de opções

2-Clique se preferir visualizar, o documento antes de imprimi-lo

3-Clique em imprimir, se a impressora estiver conectada, você verá a janela da impressora com as opções de imprimir-lo

- **Certifique-se de que existe papel na impressora.**

CAPITULO 5

INTRODUÇÃO A INTERNETE

- Internete
- Servidor
- Como funciona a internete
- Ligar a internete
- Como funciona web sites
- Fazer um web site
- O que é Navegador
- Como funciona e-mail
- Serviço de e-mail
- Conectar com a internete

Nesse capítulo você aprenderá tudo o que você precisa saber sobre a internete e como funciona. Aprenderá tambem como ligar e conectar o seu computador com a internete.
Com linguagem muito simples, lhe mostrarei como funciona a internete, e-mails, e o que é um navegador. De uma maneira simplificada lhe mostrarei como funciona os web sites você aprenderá de maneira simplificada como fazer o seu próprio web site.

A INTERNETE

A internete é como se fosse as enciclopédias e páginas amarelas do mundo inteiro em um so lugar. o WWW (World Wide Web)

Estar conectado na internete, quer dizer que você tem todas as informações e entreterimento do mundo, nas pontas dos dedos.

Mas, ao mesmo tempo você estar exposto a VÍRUS, que são programas feitos por pessoas que tem a intenção de danificar seu computador ou tem a finalidade de roubar informações privadas que estão guardadas no seu computador.

Na maioria das vezes, esses programas chamados VÍRUS se instala no seu computador sem que você saiba. As vezes eles podem vir por intermédio de e-mail, fazendo você pensar que veio de uma possoa que você conhece, pedindo para você clicar em alguma coisa,fique sempre alerta.

Estando você conectado na internete, estando alerta e usando o bom censo, não vai impedir que você seja " infectado", portanto, para a sua segurança e proteção, é importante instalar no seu computador um programa chamado, anti-vírus. Com o anti-vírus instalado no seu computador, não quer dizer 100 por cento de proteção, na verdade, não existe proteção 100 por cento, mas, você estará menos exposto a ter suas informações roubadas ou possui um computador totalmente inoperável.

O SERVIDOR

Ao invés de grandes livros com páginas amarelas e brancas, as informações estão situadas em computadores, os quais, contém programas, que são capazes de gerenciar informações, altamente complexas e variadas, com grande velocidade.

Esses computadores, que são de propriedade de provedores de internete,são chamados de **SERVIDORES.** Os Servidores estão espalhados no mundo inteiro, e se comunicam entre si, por linha telefônica, ou através de ondas de rádio. Ligação sem fio (wireless)

A INTERNETE COMO FUNCIONA

Quando você contrata o serviço de internete,esse serviço emite um número único que é dado ao seu computador (como uma indentificação).

Esse número, chama-se endereço. Todo computador que estar ligado com a internete tem que ter um endereço para que esse, possa receber a informação solicitada por você pela internete.(através do seu provedor de internete)

Esse endereço é chamado IP (Internet Protocol address) consiste de 4 grupos de números separados por um ponto ex. IP 67. 55. 309. 294 .

Com esse número, seu computador acessa, o grande computador chamado SERVIDOR, que pertence a companhia do seu provedor de internete, o qual se comunica com outros SERVIDORES, pertencentes a outras companhias de provedor de internete) .

Os diversos SERVIDORES, se comunicam entre si, e por fim enviam a informação que você solicitou ao seu computador.

A Comunicação é feita através de Navegadores (internete Explorer, Firefox,Safari,Opera etc..) em Motores de busca (Yahoo,Bing, Google etc..) e é enviada para o SERVIDOR, do seu provedor de internete, esse por sua vez, envia para o seu computador.

Toda essa comunicação é feita, através de códigos númericos e em frações de segundos!!

PARA LIGAR A INTERNETE

Ligação usando o próprio telefone

Para ligar a internete na linha normal do telefone, dependendo onde você reside, geralmente companhias telefônicas oferecem esse serviço. Dependendo do seu contrato com a companhia, você terá que pagar uma taxa de uso da internete, a taxa pode ser mensal ou de acordo com o uso do telefone. O custo do uso é de uma ligação local (a companhia lhe dar um número local). Liga-se, o fio do telefone, da parede ao painel traseiro do computador (pg.15). Ligue o computador, se for a 1ª vez, digite o número do telefone (dado pela companhia) e clique ligar. O computador fica configurado para discar esse número toda vez que você quiser conectar a internete.

É como se fosse; você ligando para um número, ao invés de você discar, o computador disca. O número que foi discado atende, e conecta automaticamente com o computador do provedor de serviços da internete (a Cia. que você paga para ter internete). Depois disso você estar conectado na internete.

A disvantagem dessa conexão é que você não poderá usar o telefone, porque esse estar em uso, a outra disvantagem é que a conexão é muito lenta, para se ter uma idéia, a linha telefônica tem a velocidade de apenas 56 mil baites por segundo enquanto que uma linha DSL pode suportar até 640 mil e uma conexão por cabo a velocidade e bem maior.

PARA LIGAR A INTERNETE

Ligação usando a linha DSL (Digital Subscriber Line)

A linha DSL é também ligada na linha do telefone, muitas companhias de telefone oferecem o serviço, bem como outras companhias independentes da companhia telefônica.

A linha DSL usa a mesma linha do telefone, no entanto, necessisita conectar com um Modem DSL (figura abaixo). Normalmente os provedores de internet lhe envia essa a caixa DSL que é parte do serviço, e deve estar incluido no preço da conexão.

A linha DSL é um serviço que se paga mensalmente, é independente da sua conta do telefone, embora a linha (uma das saidas ou tomadas) do telefone estar sendo usada.
A vantagem é que você pode usar o seu telefone e a internete ao mesmo tempo, e a conexão é de alta velocidade.
Na conexão DSL, o usuário deverá estar localizado cerca de 5 quilômetros de distância do escritório central, onde estar localizado o serviço, para que se possa aproveitar o máximo da velocidade.

A conexão a cabo, pode ser mais rápida do que DSL; é independente da linha telefônica, mas é compartilhada por você, e todos os outros usuários em sua área, que estão usando o mesmo serviço, de conexão a cabo, por isso, às vezes, pode afetar sua velocidade, ex.; se outro usuário estiver baixando muitos videos ou filmes. A conexão a cabo é menos seguro, é mais suscetível à escuta.

Tomada da eletricidade

Fio para do computador

DSL MODEM

Fio da parede do telefone

Ligar e desligar

PARA LIGAR A INTERNETE

Conexão sem fio

Na conexão sem fio, a internete tem que estar conectada pela linha DSL ou Cabo, a um computador, normalmente é um Desktop.

1- A caixa do modem DSL é ligada ao Fio telefônico ou cabo vindo da parede.

2- Para que os outros computadores reconheçam o sinal é preciso conectar um **ROTIADOR**.

Rotiador é uma caixa similar a caixa do Modem, com a finalidade de **captar** os sinais de ligação da internete. O **Rotiado**r é conectado a caixa do DSL e também ao computador (Desktop). O **Rotiado**r envia os sinais da internete, para o computador conectado a ele **com fio**, e também envia sinais (ondas de rádio) para qualquer outro computador.

Depois que o roteador estiver conectado. Os computadores capacitados a captarem o sinal de internete do ROTIADOR ficarão ligados na internete sem necessidade de fios.

Para um computador capitar sem fio os sinais do Rotiador, é necessário que ele tenha o dispositivo Wi-Fi (wireless fidelity) ondas de rádio (IEEE 802.11a/b, IEEE 802.11g ou IEEE802.11n). IEEE-Institute of Electrical and Eletronics Engineers

O Roteador é um intermediário entre a caixa do modem e os computadores ligados ou não a ele.

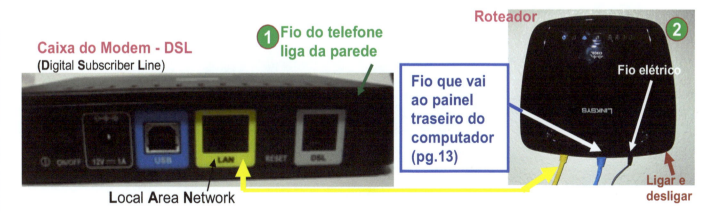

Caixa do Modem - DSL
(**D**igital **S**ubscriber **L**ine)

1 **Fio do telefone liga da parede**

Roteador

2

Fio que vai ao painel traseiro do computador (pg.13)

Fio elétrico

Local **A**rea **N**etwork

Ligar e desligar

PARA LIGAR A INTERNETE

conexão sem fio

Para que o computador seja capaz de conectar sem fio, é necessário que êle tenha um dispositivo interno para conexão sem fio, chamado Wi-Fi (*wireless fidelity*). *IEEE 802.11(g), o qual padrão **g** alcança até 54*Mbps ou IEEE802.11(**n**). No padrão **n,** a conexão é mais rápida com menos interferência de outras 802.11.

Todas 802.11, usam as ondas de rádio na frenquência de 2.4GHz. Atualmente todos os laptops ou Notebooks, já vem com o dispositivo Interno instalado. A maioria dos Desktops <u>não vem</u> instalado.(porque normalmente, no Desktop é conectado o Modem e o Roteador, como instalação principal de internet).

Quando não vem instalado, o mesmo, poderá ser comprado separadamente. (**WAP**) Wireless Access point.

Ao instalar o Rotiador, é necessário que se coloque uma senha, de preferência uma senha que contenha vários dígitos, números e letras, incluindo letras maiúsculas, para dificultar o acesso de computadores não autorizados (por você), a usar a conexão do seu Rotiador. Se não houver senha, qualquer computador próximo, por exemplo, do outro lado da rua, e definitivamente os vizinhos, poderam conectar-se sem que você saiba.

Por exemplo, esse Desktop veio com o dispositivo(WAP) instalado do lado de fora

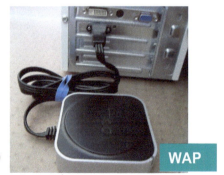

Mega= 1 milhão
1 byte=8 bits (ou 8 digitos)

*Mbps= megabites por segundo

* IEEE=Institute of Electrical and Eletronics Engineers

WEB SITES COMO FUNCIONA

O web site, é como se fosse um anúncio que você botaria nas páginas amarelas, o qual estaria imprimido naquela edição, e na próxima edição, você teria que pagar para coloca-lo novamente. A internete funciona da mesma maneira; so que, ao invés de seu anúncio ser imprimido nas páginas amarelas, você aluga um espaço por 1 ano, na memória de um computador chamado **SERVIDOR.** O qual pertence a companhias chamadas de Hospedeiro de Web Site, que fazem serviço de hospedagem de web sites.

Para colocar o seu anúncio (fazer seu web site), o primeiro passo é registrar o nome do seu web site,(nome do domínio) ,que pode ser o nome da seu negócio, ou talvez você queira fazer um web site para sua família, ou você quer fazer um web site sobre você, no seu próprio nome, não importa que tipo de web site, você terá que registrar o nome, o objetivo é para ter certeza que não existirá dois web sites com o mesmo nome.

O nome pode ser registrado, diretamente com as companhias ou seus revendedores, aprovadas pela ICANN (Internete corporation for assigned Names and numbers), a qual é uma associação sem fins lucrativos, criada em 1998, com o objetivo de gerenciar na internete os registros de nomes e números de IP Addresees (Iinternet Protocol Address)

O preço estabelecido para um nome simples em 2010 foi de $7.50 por ano, pode ser menos ou até de graça, se for combinado com o serviço de hospedagem de web sites. No Brasil, essas são as companhias aprovadas pela ICANN : Universo Online S/A (UOL) 2001, Nomer Registro de Dominio e Hospedagem de sites Ltda DBA Nomer.com.br 2009, Locaweb Servicos de Internet S/A dba LocaWeb 2001, Internet Group do Brasil S.A. 2001, Digirati Informatica Servicos e Telecomunicacoes LTDA dba Hostnet.com 2001, A. Telecom S.A. 2009 (fonte http://icann.org/)

A maioria dos provedores de internete tambem oferecem serviços de hospedagem de web sites, como também oferecem o registro de domínio (nome do domínio) e serviço de e-mail .

COMO FAZER SEU WEB SITE

Os endereços de Web sites são escritos assim:

1- Sistema de transmissão via internete (Hypertext Transfer Protocol) HTTP Os sites para acessar   contas de bancos normalmente tem um 'S' no final, significando que é um site seguro. HTTPS

2- O computador hospedeiro (World Wide Web) sistema que interligação de informação

3- O nome do domínio – meunome   (note que não pode haver espaço no nome do domínio)

4- Tipo de domínio todo tipo de domínio tem um sufixo que indica a que grupo pertence.

Tipo do domínio {
.COM e Net para uso comercial, privado. Negócios
.EDU usado por instituições educacionais
.ORG usado por organizações sem fim lucrativos
.MIL usado em organizações militares
.GOV usado por organizações governamentais

Inicialmente a internete era mais usada nos Estados Unidos então esse e o único país que não usa a inicial do país depois do (ponto) .com. por ex.: .com.br é Brasil
.com. fr é França
.com.ca é Canadá

COMO FAZER SEU WEB SITE

Normalmente, quando você adquire o serviço de internete, além do serviço de internete, estar também incluido, o serviço de e-mail com um ou mais endereços de e-mails. Os provedores de internete também promovem serviços de web sites, juntamente com a **hospedagem e registro de nome** do domínio, para o seu negócio ou uso pessoal.

Se você planeja fazer um web site, você não é obrigado a usar o seu provedor de internete, quando você estiver conectado na internete, você pode procurar preços mais baixos em outras companhias. A companhia que você paga para registrar o seu nome e hospedar seu web site, pode ser separada do seu provedor de internete, porque são serviços diferentes.

A companhia que você decidir fazer seu Web site, lhe enviará por e-mail, para você baixar no seu computador o programa de Web Sites dela (cada uma tem seu próprio programa), como também o formulário para você preencher, o seu **nome do domínio** escolhido; o formulário indicará imediatamente a disponibilidade, caso o nome não esteja disponível, o formulário lhe dará opções de nomes similares, ou você pode escolher outro nome. No máximo de 24 horas o nome escolhido estará registrado.

No programa do web site, que você contratou, você coloca uma senha, somente com a senha você terá acesso ao seu web site, para modifica-lo. O programa de web sites, é uma folha em branco, com opções no cabeçário, para escrever texto, escolher cores e tamanhos de letras, etc. , você pode colocar suas próprias fotos, seus próprios videos, músicas, ligar uma página a outra,etc. Quando você terminar de fazer suas páginas, você clica publicar, e o seu web site estará na internete, com o nome que você escolheu. Por exemplo www.nomequeescolhi.com.br

Outra alternativa é comprar o seu próprio programa de web site, (necessita mais conhecimentos de websites). Depois que voce fazer seu site, você precisa procurar uma companhia para registrar seu nome (**nome do domínio**) e também procurar uma companhia para a hospedagem do seu site. Registrar o seu nome, e hospedar seu web site, são serviços diferentes, e você pode escolher companhias diferentes, você pode até registrar seu nome e não fazer nehum web site. Claro que, para segurar o seu nome você tem que pagar a taxa anual. Se você não pagar para renovar seu registro de nome (**nome do domínio**), seu web site não vai poder ser visto, não poderá ser publicado.

INTERNETE NAVEGAÇÃO – (Browser) -COMO FUNCIONA

Explicação simplificada de como funciona os Navegadores (Browser) e motores de busca (search engine)

O Navegador ou Brrowser é um programa muito importante no seu computador sem o Navegador (Browser) o computador não poderá estar conectado com a Internete e consequentemente não poderá acessar nehuma web sites.

Vamos imaginar que iremos fazer um viagem de turismo de ônibus.

No ônibus estão os passageiros, o motorista e também um guia de turismo.

Em certo ponto da viagem, eu e outros passageiros, concordamos em desviar o caminho; para podermos passar, uma tarde em uma certa cidade onde conhecemos, estivemos lá antes, então falamos ao **motorista** e ele nos leva até lá.

Continuando nossa viagem, alguns passageiros estavam curiosos em saber:qual a distância percorrida? qual seria a proxima cidade?, qual a temperatura do lugar? etc., nesse momento as peguntas foram dirigidas ao **Guia de turismo,** que sabia responder todas as perguntas como também iria nos mostrar todos os pontos turísticos com suas histórias.

O Ônibus seria o **COMPUTADOR** – conectado na internete
O Motorista nos leva onde sabemos ir, seria o **NAVEGADOR** o qual pode ser: **Internet Explorer, Mozilla Firefox**, **Safari**, **Opera** etc.
O Guia de Turismo, nos mostra lugares que nunca fomos, e nos diz tudo que queremos saber sobre os ponto turÍsticos, seria OS **MOTORES DE BUSCA** que podem ser: Yahoo, Bing,del.icio.us, girafa, google e mais uma centena de outros.

E- MAIL COMO FUNCIONA

Os Computadores chamados, **SERVIDORES** de e-mail, no qual a função principal é lidar com os e-mails, enviar e receber, é como se fosse o serviço dos correios.

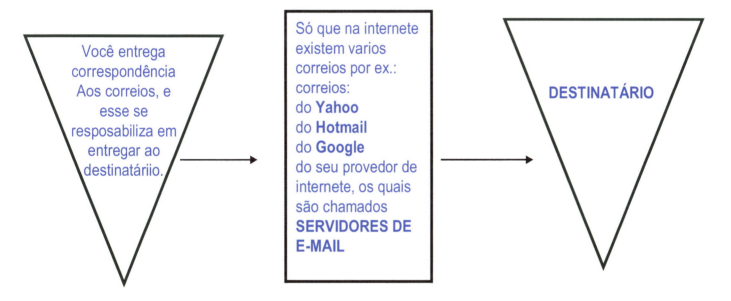

Você entrega correspondência Aos correios, e esse se resposabiliza em entregar ao destinatáriio.

Só que na internete existem varios correios por ex.: correios: do **Yahoo** do **Hotmail** do **Google** do seu provedor de internete, os quais são chamados **SERVIDORES DE E-MAIL**

DESTINATÁRIO

Com o computador conectado na internete, clique na sua conta de e-mail, digite sua senha, a qual, é como se fosse uma chave, para entrar na memória do SERVIDOR, e acessar o seu compartimento de correios; para ler, enviar e apagar e-mail indesejáveis. O processo é o mesmo para qualquer conta ou endereço de e-mail que você tiver. Quando você disconecta da sua conta de e-mail, todos os seus e-mails e outras informações, como lista de contatos, calendários, que estão na sua conta de e-mail, ficaram guardadas no SERVIDOR correspondente a sua conta ou endereço de e-mail, ex.: seu provedor de internete, Hotmail, Yahoo, Google etc.

SERVIÇO DE E- MAIL

O destinatário somente receberá a sua correspondência, (a mensagem que você enviou) quando êle for em qualquer computador conectado na internete, e com a senha dele, acessar a conta de e-mail dele (ou caixa de e-mail)

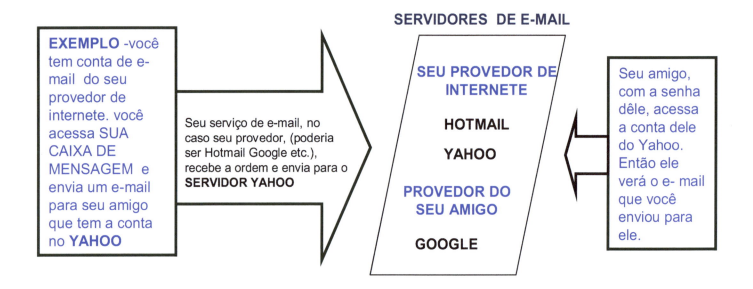

SERVIDORES DE E-MAIL

EXEMPLO -você tem conta de e-mail do seu provedor de internete. você acessa SUA CAIXA DE MENSAGEM e envia um e-mail para seu amigo que tem a conta no **YAHOO**

Seu serviço de e-mail, no caso seu provedor, (poderia ser Hotmail Google etc.), recebe a ordem e envia para o **SERVIDOR YAHOO**

SEU PROVEDOR DE INTERNETE

HOTMAIL

YAHOO

PROVEDOR DO SEU AMIGO

GOOGLE

Seu amigo, com a senha dêle, acessa a conta dele do Yahoo. Então ele verá o e- mail que você enviou para ele.

Os SERVIDORES mantém a correspondência recebida, até que o usuário (o dono da correspondência), usando a própria senha acesse a caixa de email.

CLIENTE DE E-MAIL COMO FUNCIONA

Em alguns casos o seu provedor de internete, quando lhe dar o endereço de e-mail, ele manda você baixar um programa de e-mail dele, nesse caso, sua correspodência ficará guardada no seu computador e não no servidor dele. Isso quer dizer que você não necessita estar conectada na internete para visualizar os e-mails recebidos e os que você enviou. Esse programa de e-mail, que as vezes é dado para você pelo seu provedor de internete, para você instalar no computador, chama-se **CLIENTE,** ou cliente de e-mail.

Microsoft Outlook foi um dos primeiros serviços de **CLIENTE** de e-mail, e continua sendo muito usado por empresas em geral. Como é um programa caro, recentemente a Microsoft esta incluindo uma versão simplificada do OUTLOOK em Windows7, que se chama Windows Live Mail.

Ao invés de você ir no seu servidor, colocar a sua senha para receber o seu e-mail, o programa **CLIENTE** que estar Instalado no seu computador, vai ao SERVIDOR e transporta a sua correspodência para o seu computador.

A grande vantagem é que, você não vai depender da memória do SERVIDOR. Todo SERVIDOR, lhe dar um limite de espaço, por exemplo, Hotmail lhe dar 5GB, Google lhe dar 7GB de espaço. (Com 5 GB de espaço você poderá ter mais de cinco mil páginas de texto.). Se você recebe muitas correspondências ou é uma pequena empresa, desde que você tenha espaço de memória no seu computador, seus e-mails nunca irão voltar para o remetente, por falta de espaço, (geramente é o que acontece quando o seu limite de espaço do SERVIDOR é alcançado).

A desvantagem é que, se o seu computador quebrar, por alguma razão houver problemas de funcionamento, é possível que você perca, todos seus e-mail e lista de contatos. No caso de você adquirir um novo computador, para que você possa ver todos os seus e-mails antigos, e lista de contatos, você terá que trasferi-los para o novo computador.

CLIENTE DE E-MAIL COMO FUNCIONA

Além do OUTLOOK, programa de **CLIENTE** DE E-MAIL, existem vários outros programas, gratuito, que voce instala no seu computador, entre eles o Mozilla Thunderbird

O programa, **CLIENTE de e-mail** é como se fosse um despachante que você contrata para pegar seus e-mails, você tem que dar a autorização que será sua senha e nome do usuário, como também outras informações, as quais são: POP3 (post office box ou caixa de correios), SMTP (simples mail protocolo de transferência)

SERVIDOR HOTMAIL
Receber (incomming)
Pop3.live.com
Port 995
enviar (outgoing)
Smtp.live.com
Port 25 caso não funcione use **587**
Autenticação você marca sim
TLS or SSL marque sim

SERVIDOR YAHOO
Receber (incomming)
Pop3.mail.yahoo.com
Port 995
enviar (outgoing)
SMTP.mail.yahoo.com
Port 465
Autenticação você marca sim
Nome do susuário (sem "@yahoo.com")

SERVIDOR GOOGLE
Receber (incomming)
Pop.gmail.com
Port 995
enviar (outgoing)
Smtp.gmail.com
Port SSL 465
Port TLS/STARTLS 587
Autenticação você marca sim
Nome do usuário use seu endereço de e-mail
Exemplo:. Usuário@ gmail.com

Essas informações acima, referente ao Yahoo, Google e Hotmail, também são usadas no caso, de você desejar, que todos os seus e-mails sejam entregues em uma só conta, por ex: você tem conta nos 3 servidores acima, a que chamamos de A, B e C. No caso você deseja receber todos os seus e-mails somente em uma conta, com essas informações acima e suas respectivas senhas, você ordena ao servidor A e B que encaminhe suas mensagens para o servidor C. então você só necessita acessar um servidor, o C, e pode continuar a usar, quantos endereços de e-mail, você quiser, e recebendo todos em um só lugar. (o seu Provedor de Internete, o qual é também um Servidor de e-mail, também tem as informação dele similar as informações acima).

FAZER A CONEXÃO DA INTERNETE PELO TELEFONE

Depois que você contatar o Provedor de Internete, esse fornecerá informações como o número do telefone a ser discado para fazer a conexão.

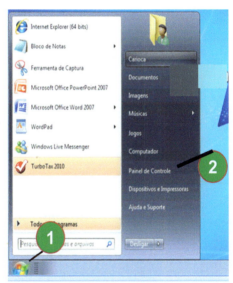

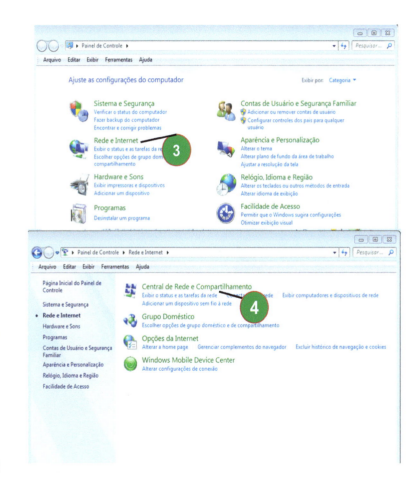

Depois de ligar o computador,no rodapé da tela a esquerda aponte com o mause e

1- Clique o botão **Iniciar**

2- Clique **Painel de Contrôle**

3- Clique **Rede e Internete**

4- Clique **Exibir status e tarefas da rede**

FAZER A CONEXÃO DA INTERNETE PELO TELEFONE

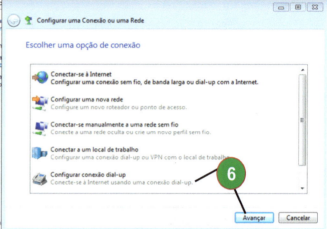

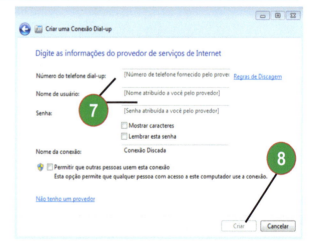

5- Clique **Configurar uma nova
   conexão ou rede**

6- Selecione Clique Configurar Conexão dial-up
   Clique avançar

7- Preencha com o número do telefone
   fornecido a você pelo provedor, nome
   do usário e senha.

8- Clique **Criar**

FAZER A CONEXÃO DA INTERNETE PELO TELEFONE

9- Se o seu Provedor de Internete lhe forneceu um CD insira o CD. Siga as instruções do seu Provedor na tela.

10- Em seguida, você deverá ver essa janela, mostrando que esta sendo conectado.

11- Clique Navegar na internete agora.

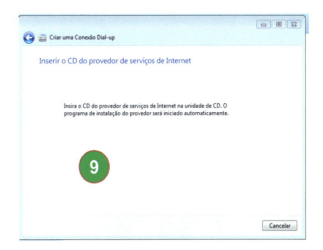

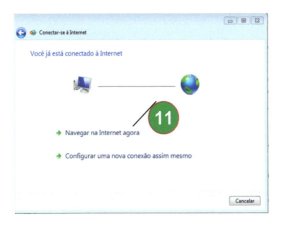

FAZER A CONEXÃO DA INTERNETE DSL/ BANDA LARGA

Depois que você contatar o Provedor de Internete, esse fornecerá as necessárias informações. A conexão é similar ao dial-up- assumindo que seu provedor lhe enviou a caixa DSL a qual deverá estar conectada ao computador.

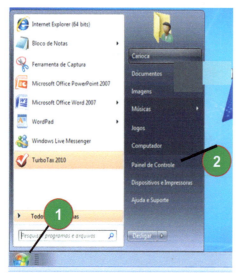

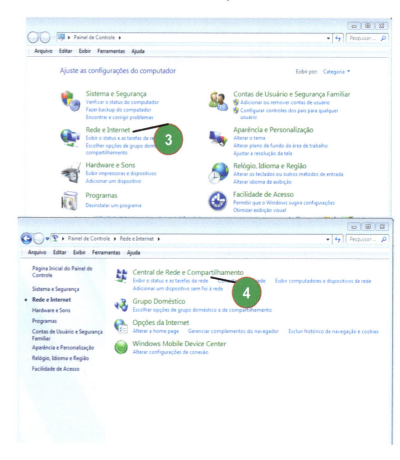

Depois de ligar o computador,no rodapé da tela a esquerda aponte com o mause e

1- Clique o botão **Iniciar**

2- Clique **Painel de Contrôle**

3- Clique **Rede e Internete**

4- Clique **Exibir status e tarefas da rede**

FAZER A CONEXÃO DA INTERNETE DSL/ BANDA LARGA

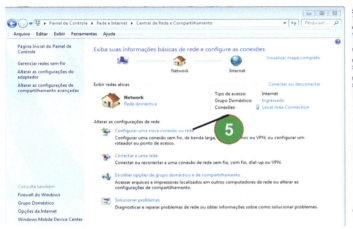

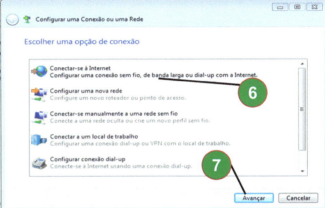

5- Clique **Configurar uma nova conexão ou rede**

6- Clique **Configurar uma conexão sem fio, de banda larga ou dial-up com a internete**.

7- Clique **Avançar**

8- Selecione Banda Larga (PPPoE) e Clique **Conectar**

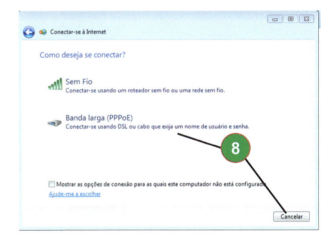

FAZER A CONEXÃO DA INTERNETE DSL/ BANDA LARGA

9- Coloque o nome do usuário e digite sua senha. Clique **conectar**

10- Você deve ver uma janela similar a essa mostrando que esta sendo conectado.

11- Clique Navegar na internete agora.

CAPÍTULO 6

INTERNET EXPLORER

6

- Navegador Explorer
- Motores de busca
- Adicionar Motores de busca
- Pesquisar na internete
- Escolher sua página inicial
- Adicionar site a lista de favoritos
- Criar nova pasta na lista de favoritos
- Organizar favoritos
- Excluir favoritos
- Aumentar e diminuir as letras na tela

O Navegador ou Browser é um programa muito importante no seu computador, sem o Navegador (Browser), o computador não poderá estar conectado com a Internete e consequentemente não poderá acessar nenhum web sites. Nesse Capítulo você apréderá como usar o navegador, para fazer pesquisas na internete.

Aprenderá como usar os Motores de Busca ou Provedores de Pesquisas os quais, você pode colocar no cabeçário da janela do Navegador Explorer. Você verá como é fácil escolher sua página principal que é a página, que aparecerá sempre que você liga a internete, como adicionar sites a lista de favoritos, como criar novas pastas de favoritos, como tambem exclui-los, verá como fazer um atalho para aumentar ou diminuir as letras na tela.

ABRIR O NAVEGADOR – INTERNET EXPLORER

1- Clique no botão **Iniciar**

2- Clique **Internete Explorer**

3- É possivel que quando você abrir EXPLORER pela primeira vez você verá essa janela

4- Nesse caso clique na tecla **Alt** para que você possa visualizar o Menu

ABRIR O NAVEGADOR – INTERNET EXPLORER

Para que o Menu fique no cabeçario da janela, clique em **Exibir** e coloque o mause em *Barra de ferramentas*, você verá uma lista, clique em **Barra de Menus** para marcar (checar). Então o menu ficará no cabeçário.

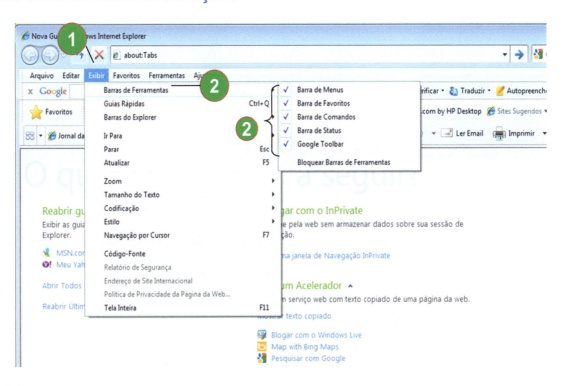

1 – Clique em Exibir

2- coloque o ponteiro do mause em Barras de ferramentas **Marque (Check) cada item para colocar mais opções no seu cabeçário.**

PESQUISAR NA INTERNETE

1- Se você sabe que, o site que você procura, existe na internet, digite o nome, e automaticamente Internete Explorer lhe dar o endereço do site, e lhe dar a opção de clicar para ir direto no site.

2- Exemplo. Digitei colegio santo inacio

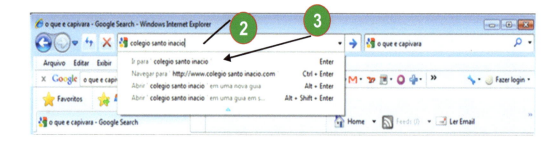

3- Você verá na primeira linha a opção que você digitou. Aperte a tecla de entrada ou Clique nas outras opções que desejar

PESQUISAR NA INTERNETE

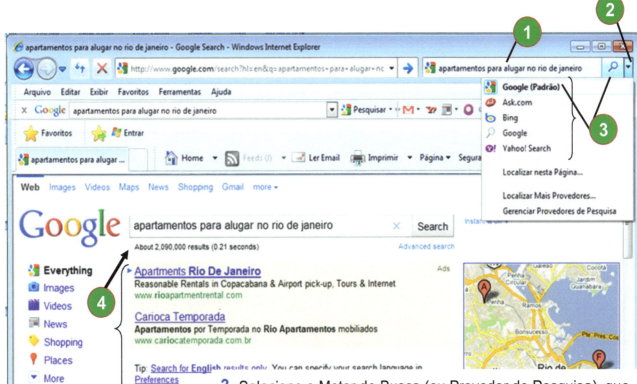

1- Para fazer uma pesquisa, por palavra ou frase escreva aqui. Escrevi (**Apartamentos para alugar no rio de janeiro)**

2-Clique na setinha, para ver a lista de Motores de Busca, ou Provedor de Pesquisa.

3- Selecione o Motor de Busca (ou Provedor de Pesquisa), que você deseja.(selecionei Google o qual estar como padrão) Clique na Lupa ou pressione na tecla de entrada.

4- Você verá a o número de web sites, que contém a palavra ou a frase toda ,que você escreveu, nesse caso exitem 2 milhões e noventa sites, que se refere a **apartamentos para alugar no rio de janeiro**. Na lista de sites, Clique no que você deseja.

PESQUISAR NA INTERNETE

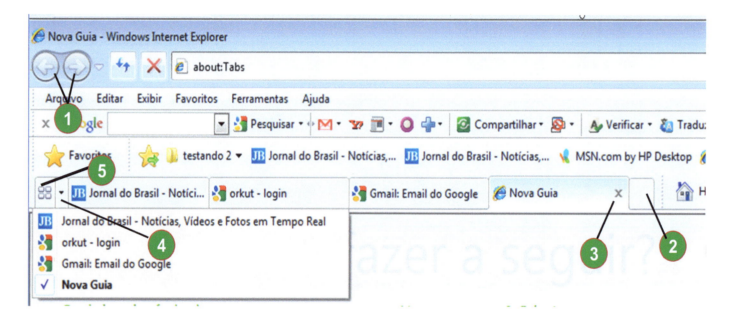

1- Clique **Voltar** ou **Avança**r para visualizar a página anterior ou a próxima.

2- Clique para abrir uma página em branco(Nova Guia). Estando essa guia aberta na tela, toda a próxima pesquisa, ou página dos seus favoritos que você abrir(Clicar) ficará nessa Guia, na ordem que foi clicada, com a página mais recente em cima, para voltar clique no botão voltar ou avançar.

3- Para fechar a guia Clique no **X**

4-Clique para ver a lista de Guias abertas

5- Clique para ver as páginas da Guias

ADICIONAR MOTORES DE BUSCA

Provedor de pesquisa

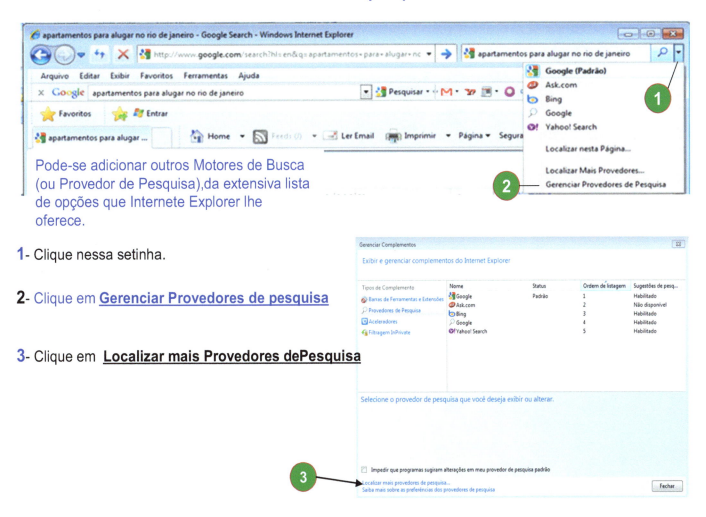

Pode-se adicionar outros Motores de Busca (ou Provedor de Pesquisa),da extensiva lista de opções que Internete Explorer lhe oferece.

1- Clique nessa setinha.

2- Clique em **Gerenciar Provedores de pesquisa**

3- Clique em **Localizar mais Provedores dePesquisa**

113

ADICIONAR MOTORES DE BUSCA

Provedor de pesquisa

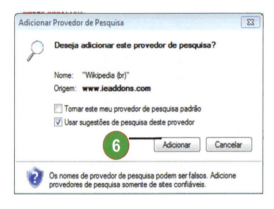

4- Da lista, selecione o que deseja, selecionei - **Wikipédia.**

5- Clique **Adicionar ao Internete Explorer.**

6- Clique Adicionar.

7- Clique na setinha para ver que, wikepedia estar adicionado a minha lista de motores de busca, ou Provedor de Pesquisa.

EXCLUIR MOTORES DE BUSCA

Provedor de pesquisa

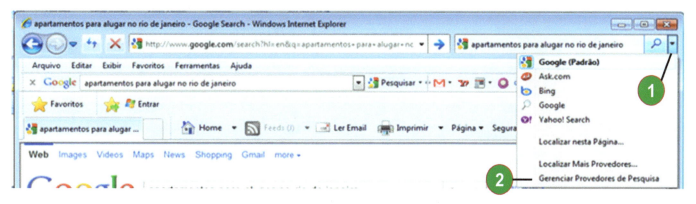

1- Clique nessa setinha.

2- Clique em **Gerenciar Provedores de pesquisa**

3- Selicione e clique o que deseja excluir. Clique **Remover**

4- Clique **Fechar** para fechar a janela

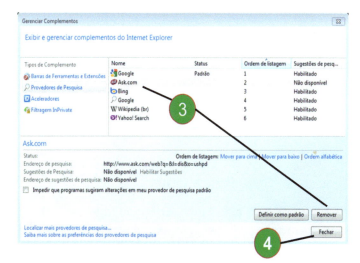

115

EXPLORER - ESCOLHER PAGINA INICIAL

Você pode escolher a página que você quer ver, toda vez que você ligar a intenete.

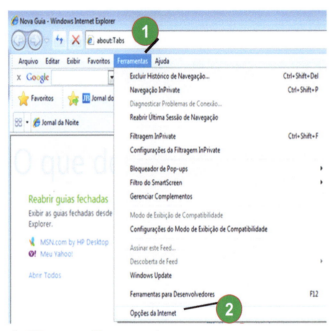

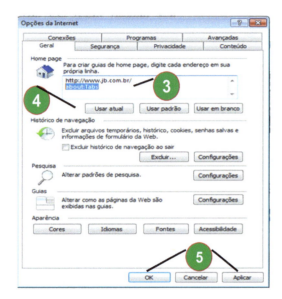

1- Clique em **Ferramentas**

2- clique em **Opções de internet**

3 As páginas que estavam abertas, quando você clicou **Ferramentas** – *Opções de internete* ficará nesse espaço, então você escolhe, se quer todas para ser a sua página Inicial ou apague, as páginas que você não quer, selecionando e clique na tecla de apagar.

4- Clique **Usar atual** para que a página que estiver aberta na tela seja a sua pagina inicial.

5- Clique **Aplicar,** e clique **OK**

Por exemplo: se você quer ver a página do Jornal do Brasil, toda vez que você ligar a internete. Abra a página do Jornal do Brasil, Clique em Ferramen Tas e *Opções de internet* , na próxima janela clique *usar atual*. clique *Aplicar* e clique OK

EXPLORER - ADICIONAR SITES A BARRA DE FAVORITOS.

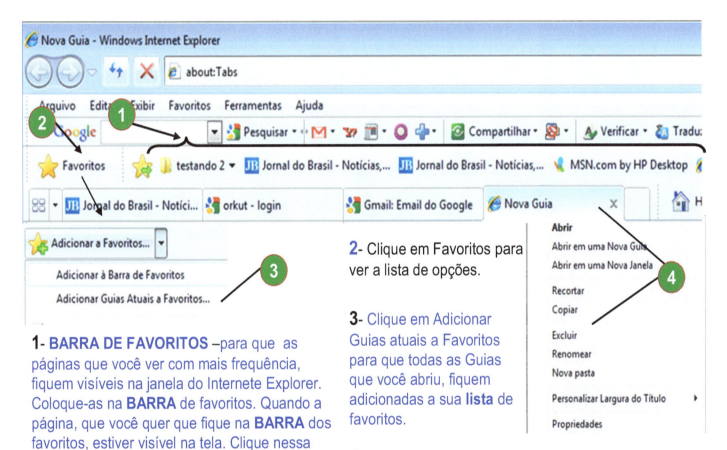

1- **BARRA DE FAVORITOS** –para que as páginas que você ver com mais frequência, fiquem visíveis na janela do Internete Explorer. Coloque-as na **BARRA** de favoritos. Quando a página, que você quer que fique na **BARRA** dos favoritos, estiver visível na tela. Clique nessa estrela amarela com uma seta em cima, a qual é a **BARRA** dos favoritos. Imediatamente a página irá para a barra dos favoritos.

2- Clique em Favoritos para ver a lista de opções.

3- Clique em Adicionar Guias atuais a Favoritos para que todas as Guias que você abriu, fiquem adicionadas a sua **lista** de favoritos.

4- Para Excluir da BARRA DE FAVORITOS. Coloque o ponteiro do mause na guia. Clique o lado direito do mouse selecione e Clique **Excluir**.

EXPLORER - ADICIONAR SITES À LISTA DE FAVORITOS

Adicionar a lista de favoritos

1- Quando a página que você quer colocar na sua **lista** de favoritos estiver visível na tela, clique no botão **Favoritos.**

2- Clique **Adicionar a Favoritos**

3- Clicando Adicionar a Favoritos essa janela aparecerá clique em **Adicionar**

4 – A página do Gmail que estava visível na tela, quando eu cliquei adicionar a lista de favoritos, aparecerá Imediatamente, na lista de favoritos, como o último item da lista.

EXPLORER - CRIAR NOVA PASTA NA LISTA DE FAVORITOS

Você pode adicionar na lista de favoritos, pastas criadas por você, e adicionar seus favoritos, dentro dessas pastas que você criou.

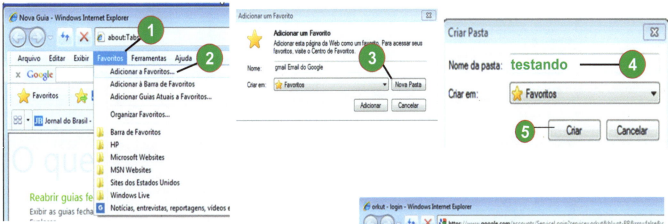

1- Clique **Favoritos**

2- Clique **Adicionar a Favoritos**

3- Clique **Nova Pasta**

4- Na janela Criar pasta. Dê um nome para a nova pasta. Eu escrevi **testando**

5- Clique **Criar**

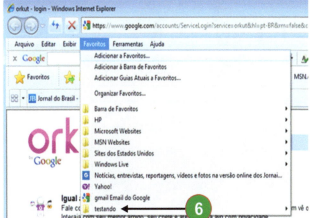

6- A pasta de cor amarela, de nome **testando** que eu criei, ficará sendo o último ítem da lista de favoritos.

EXPLORER- ADICIONAR SITES NA NOVA PASTA

Você pode adicionar quantos sites desejar dentro da nova pasta

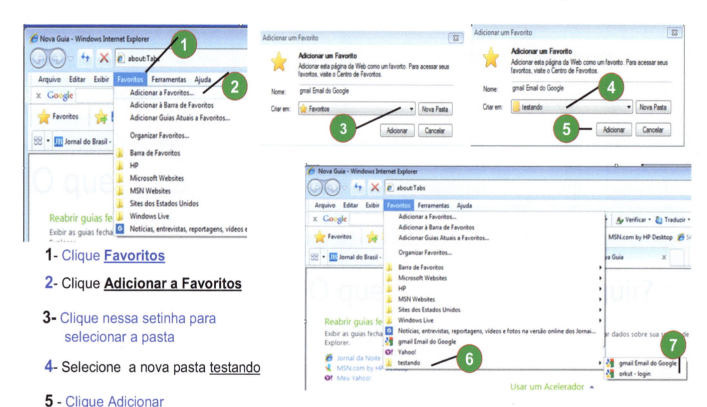

1- Clique **Favoritos**

2- Clique **Adicionar a Favoritos**

3- Clique nessa setinha para selecionar a pasta

4- Selecione a nova pasta <u>testando</u>

5 - Clique Adicionar

6-Coloque o ponteiro do mause no item testando

7 -Voce verá os sites que coloquei dentro da nova pasta **testando** os quais são: **gmail Email do Google** e **orkut-login** .

EXPLORER - ORGANIZAR OS FAVORITOS

**Você pode organizar a lista de favoritos, adicionando e retirando
SITES das pastas usando o mause.**

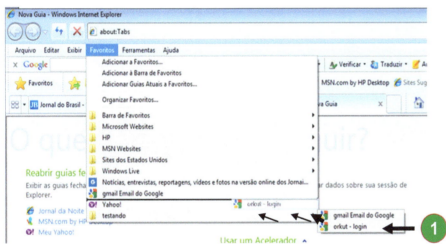

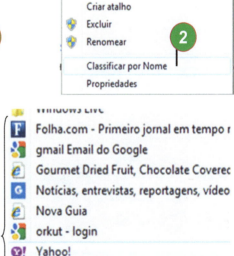

1-Coloque o ponteiro do mause no item que você deseja mudar de lugar, clique e segure firme. Arraste e solte no local desejado. você pode notar que o ítem que estar sendo arrastado estará na ponta do mause, como também você pode ver uma linha horizontal indicando onde o ítem ficará.

2- Para colocar em ordem alfabética. Coloque o ponteiro do mause em qualquer site. Clique o lado direito, do mause, na lista Clique **Classificar por Nome**

3- Veja a lista em ordem alfabética.

EXPLORER – EXCLUIR SITES DA LISTA DE FAVORITOS

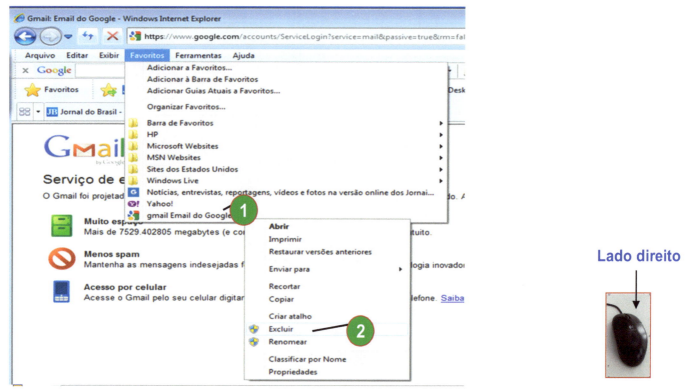

Lado direito

1- Coloque a ponta do mause no ítem que você deseja excluir. Clique no botão do lado direito do mause para você visualizar a lista de opções.

2- Na lista de opções, coloque o ponteiro do mause em **Excluir**, e clique no botão do lado **esquerdo** do mause.

AUMENTAR E DIMINUIR AS LETRAS NA TELA

Os sinais de subtração e adição podem estar localizados em diferentes partes do teclado.

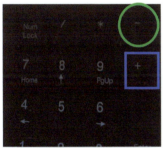

1 Presione a tecla **Ctrl** e segure. Enquanto você segura a tecla Ctrl, toque na tecla do sinal de Menos,(-) a cada vez que você toca na tecla de menos, as letras da tela vão diminuido.

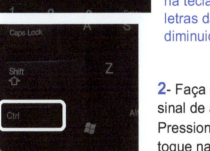

2- Faça o mesmo com o sinal de adição.
Pressione a tecla **Ctrl** e toque na tecla do sinal de adição (+) para aumentar as letras na tela, a cada vez que você toca na tecla da adição a letra aumentará.

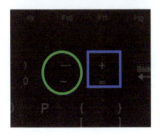

CAPÍTULO 7

HOTMAIL E LIVE.COM

7

- Hotmail
- Abrir conta de Hotmail e live.com
- Modificar a aparência da janela
- Modificar a senha
- Modificar resposta secreta
- Diversas Visualizaçõo da janela do hotmail
- Enviar e receber e-mails
- Responder e-mail
- Organizar e-mail
- Adicionar contatos no messenger
- Conversar com amigos pelo messenger da caixa de entrada do hotmail.
- Estabelecer seu calendário
- Adicionar evento no calendário
- Compartilhar o calendário

Nesse capítulo você aprenderá o que é Hotmail. Passo a passo lhe mostrarei como abrir um conta de e-mail do Hotmail e Live.com. Mostrarei de maneira muito fácil como personalizar sua página ou Janela do Hotmail e Live.com e-mail. Você aprenderá como mudar a sua senha e outras informações pessoais da sua conta de hotmail, como também enviar e-mail, respondendo a todos os seus amigos ou encaminhar o e-mail que você recebeu. Você verá como é simples abrir anexo,(fotos ou outros documentos), e salva-los no seu computador como também adicionar contatos no messenger.

O calendário tem uma função muito importante na vida de quem usa o computador diariamente, você aprenderá sem a menor dificuldade como usar o calendário do hotmail e ficar em dia com os seus compromissos.

HOTMAIL

Hotmail foi criado por Sabeer Bahatia e Jack Smith em 1996, foi vendido para a Microsoft em 1997.Então ficou conhecido como The Microsoft Network. Hotmail ou MSN Hotmail, foi um dos primeiros serviços de e-mail gratuito, e estar presente em 35 idiomas. Agora é chamado Windows Live Hotmail.
Pesquisa feita em 2010, constatou que Windows Live Hotmail é o maior serviço de e-mail do mundo chegando a 364 milhões de usuários.

Hotmail consiste em dois serviços: 1) O Serviço básico de e-mail, o qual é gratuito e consiste de: Caixa de e-mail com capacidade inicial de armazenar 5 gigabaites (equivalente a 1 milhão de e-mails) até 10 gigabaites. No serviço estar incluído MSN Messenger, Vídeo, e uma variedade de serviços de internete, como; compartilhar fotos e videos, notícias, entreterimento, e atachamento(anexo), com até de 25 gigabites. Se a conta de Hotmail ou Live.com **não** for acessada durante 270 dias, será fechada ou desativada automaticamente, e nem sempre pode ser reativada.

O serviço pago chamado Hotmail Plus, é pago anualmente, os benefícios são: um espaço ilimitado para armazenamento na caixa de e-mails, e 50 gigabites de atachamento (anexo). Não há propaganda, como também, não tem data de inspiração. (se não houver acesso em 270 dias)
Hotmail e Live.com proporciona o mesmo serviço, você escolhe se quer que seu e-mail seja chamado de Hotmail ou Live.com

ABRIR UMA CONTA DE HOTMAIL OU LIVE.COM

Para ver o formulário pode-se ir na internete, pesquisar hotmail.com, ou ir no botão Iniciar.

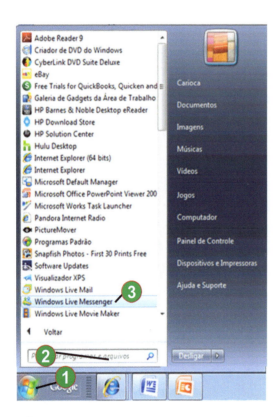

3- Clique em **Windows live Messenger**

1- Clique no botão **Iniciar**

2- Clique em **Todos os programas**

4- Como você não tem conta do Hotmail Clique em **Increver-se** para ver a página do formulário.

ABRIR UMA CONTA DE HOTMAIL OU LIVE.COM

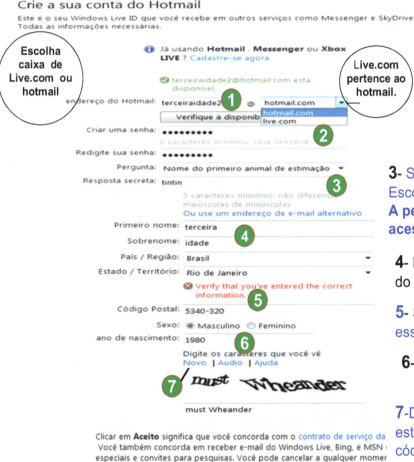

1-Escreva o nome desejado, se não tiver disponível escolha outro, ou aceite as opções de nomes, que lhe são dadas. Escolha Live.com ou hotmail.com

2- Sua Senha deve conter no mínimo 6 dígitos, para maior segurança, letras maiúsculas e números. Ex.: MaRi25.

3- Se não tiver e-mail alternativo(outro e-mail) Escolha a pergunta secreta e dê a resposta. **A pergunta e resposta é necessária para acessar, caso você esqueça da senha.**

4- Esse é o nome que será o remetente do seu e-mail, escolha o nome que deseja.

5- Se o código postal tiver errado você verá essa mensagem de erro, esceva o correto.

6- A data de nascimento tem que ser no mínimo 1990.

7-Digite exatamente o que ver, se não estiver visível, clique Novo para ver outros códigos mais visíveis.

8- Clique Aceito.

JANELA DE E-MAIL DO HOTMAIL OU LIVE.COM

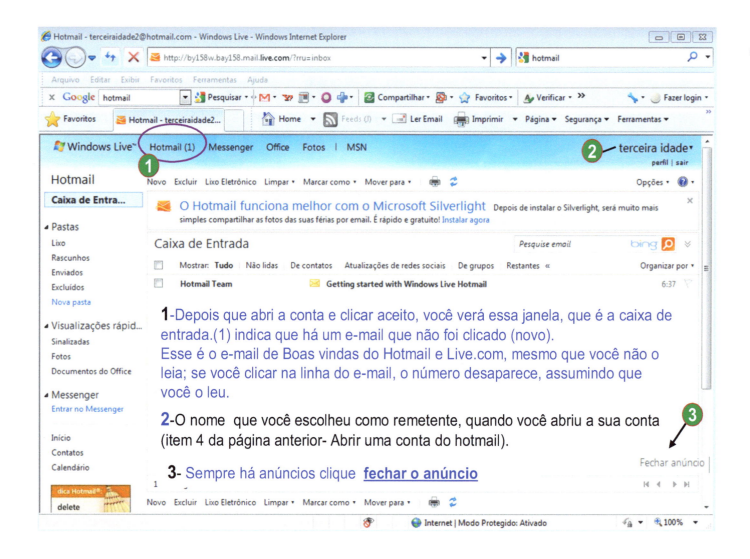

1-Depois que abri a conta e clicar aceito, você verá essa janela, que é a caixa de entrada.(1) indica que há um e-mail que não foi clicado (novo).
Esse é o e-mail de Boas vindas do Hotmail e Live.com, mesmo que você não o leia; se você clicar na linha do e-mail, o número desaparece, assumindo que você o leu.

2-O nome que você escolheu como remetente, quando você abriu a sua conta (item 4 da página anterior- Abrir uma conta do hotmail).

3- Sempre há anúncios clique **fechar o anúncio**

MUDAR O TEMA APARÊNCIA DO CABEÇARIO DA JANELA

Escolher entre uma variedades de opções de aparência

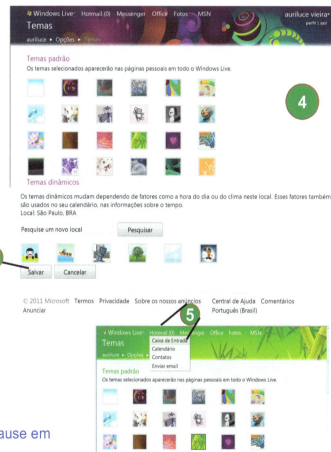

1- Coloque o ponteiro do mouse no nome do usuário, nesse caso em **auriluce vieira**, você verá uma lista de opções.

2- Coloque o ponteiro do mouse em cima dos desenhos, sobrevoe com o mouse, e em cada desenho visualize a mudança. Clique no desenho que deseja manter fixo no cabeçário.

3- Clique em **Mais temas** para mais opções..

4- Na janela de Mais temas, escolha o desenho que deseja e clique **salvar**

5-Para voltar a Caixa de Entrada. Sobrevoe com o mouse em Hotmail. Clique na opção **Caixa de Entrada**.

ALTERAR A SENHA E A PERGUNTA E RESPOSTA SECRETA

Pode-se alterar a senha ou a pergunta e resposta secreta, ou ambos.

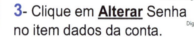

1- Coloque o ponteiro do mouse em seu nome, nesse caso em **auriluce vieira**, você verá uma lista de opções

2- Clique em **Conta**

3- Clique em **Alterar** Senha no item dados da conta.

3.1- Digite a antiga senha, digite a nova senha (duas vezes). Clique **Salvar.**

4- No item Informações para redifinição de senha. Clique em **Alterar**

4.1- Clique nessa setinha para ver as perguntas. Clique na pergunta desejada.

5- digite sua a resposta e clique **Salvar.**

Para maior segurança, antes de fazer qualquer mudança, na pergunta e resposta, você terá que colocar sua atual senha.

CONFIGURAÇÃO DA JANELA DE HOTMAIL E LIVE.COM

Para ir direto a caixa de e-mail

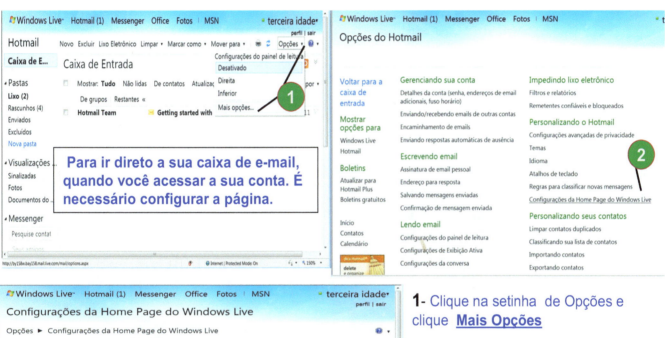

1- Clique na setinha de Opções e clique **Mais Opções**

2- Clique em **Configurações da Home Page do Windows Live.**

3- Escolha a opção **Mostrar minha Caixa de Entrada ao entrar.** Clique **salvar**

VISUALIZAÇÃO DA CAIXA DE ENTRADA DO HOTMAIL E LIVE.COM

A configuração padrão do painel de leitura <u>Desativado</u>

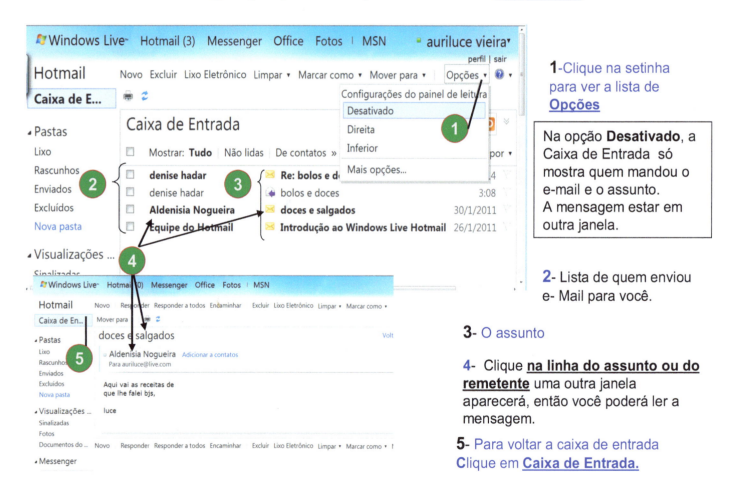

1-Clique na setinha para ver a lista de <u>**Opções**</u>

Na opção **Desativado**, a Caixa de Entrada só mostra quem mandou o e-mail e o assunto. A mensagem estar em outra janela.

2- Lista de quem enviou e- Mail para você.

3- O assunto

4- Clique **na linha do assunto ou do remetente** uma outra janela aparecerá, então você poderá ler a mensagem.

5- Para voltar a caixa de entrada Clique em **Caixa de Entrada.**

132

VISUALIZAÇÃO DA CAIXA DE ENTRADA DO HOTMAIL E LIVE.COM

A configuração Painel de leitura <u>Direita</u> e <u>Inferior</u>

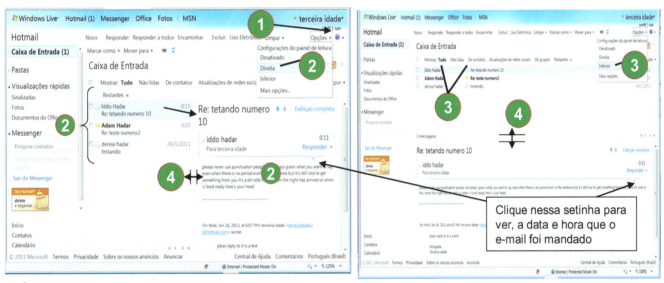

1- Clique na setinha de **Opções**

2- Na opção **Direita**: você poderá visualizar na mesma janela, a lista de nomes das pessoas que lhe enviaram e-mail, e ler o assunto(lista a esquerda). Clique no assunto ou no remetente para ler o conteúdo (**na direita).**

3- Na opção **Inferior:** você poderá visualizar na mesma janela, a lista de nomes das pessoas que lhe enviaram e-mail, e ler o assunto (parte superior). Clique no assunto ou no remetente, para ler, o conteúdo(na parte **Inferior**).

4- Note: pode-se ajustar o espaço da direita e esquerda, e da parte inferior e superior, colocando o ponteiro do mause na linha divisória, o mesmo mudará de forma, clique e segure o mause, movimente para esquerda e direita para cima ou para baixo, solte o mause na posição desejada.

ESCREVER E-MAIL

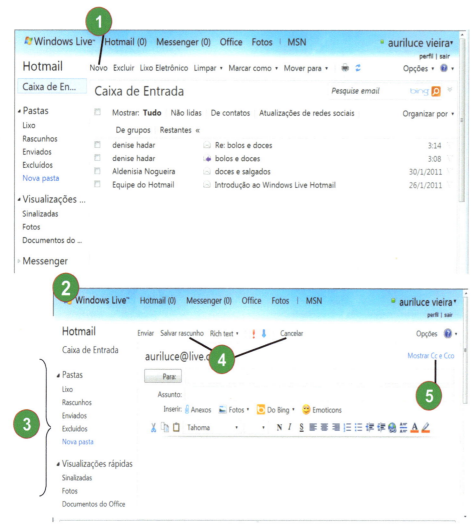

1- Clique em **Novo** para ver a jenela de escrever o e-mail.

2- Essa é a janela de escrever o e-mail, note que é similar ao wordpad. Você pode escolher o tipo de letra, a cor,o tamanho da letra, etc.

3- Note que a janela de e-mail do Hotmail, é similar a sua janela de Meus documentos (windows7), contém, Pastas com setinhas ao lado. Clicando na setinha a mesma ficará inclinada para baixo, indicando que a pasta estar aberta, e mostrando seu conteúdo.

4 Se desejar terminar o e-mail em outra ocasião, clique **Salvar rascunho**. Para continuar a escrever, clique na pasta de Rascunhos e na mensagem de rascunho. Clique em **Cancelar** se desistir de escrever.

5- Clique em **Mostrar Cc e Cco.** Para ver a linha de enviar copias

ENVIAR E-MAIL

Com cópias

X- Depois que você clicou em **Mostrar Cc e Cco**. Você verá as linhas para enviar cópias

1- Escreva os endereço dos e- mails para quem você quer enviar e-mails

2- Escrever o endereço dos e-mail para quem você quer enviar cópias. Todas as pessoas que você enviou cópias, vão ver umas as outras,e também vão ver para quem você enviou o e-mail original.

3- Nessa opção **Bcc** (Cópia de carbono obscura) - As pessoas que estão na linha do " **Cco:"** podem ver todos os recipientes do e-mail que estão na linha "**Para:"** e **"Cc:"),** no entanto **Cco**: não pode ser visto por nenhum deles, nem por outros que estão no **Cco**: é totalmente invisível a todos,com exceção de quem o enviou.

ENVIAR E-MAIL

Com Anexos, Documentos e Fotos

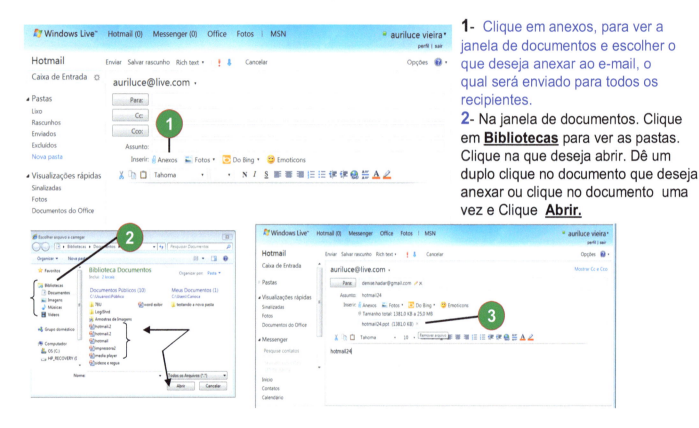

1- Clique em anexos, para ver a janela de documentos e escolher o que deseja anexar ao e-mail, o qual será enviado para todos os recipientes.

2- Na janela de documentos. Clique em **Bibliotecas** para ver as pastas. Clique na que deseja abrir. Dê um duplo clique no documento que deseja anexar ou clique no documento uma vez e Clique **Abrir.**

3- A janela de documentos desaparecerá, e você verá imediatamente, o documento que você clicou, sendo anexado ao e-mail. Se você desitir de enviar esse anexo, clique no X ao lado para remove-lo do seu e-mail.

ENVIAR E-MAIL

Contendo imagens da internete

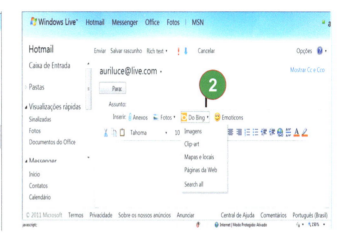

1-Clique na setinha de **fotos** e em **Novo Album** para ir na janela de documentos, nessa clique em **Bibliotecas** e na pasta de fotos. Clique na foto que deseja e ela será automaticamente adicionada.

2-Clique na setinha em **Do Bing** que é o Motor de Busca da MSN, para adicionar, ainda mais imagens e ter várias opções, de busca de imagens na Internete.

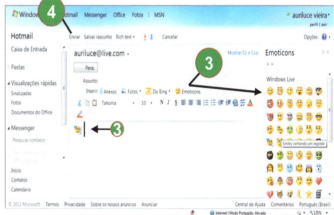

3- Clique em Emoções e verá a direita, muitas opções, para adicionar pequenos icones emotivos.

Para excluir qualquer icone. Coloque o ponteiro do mause a direita do icone, clique uma vez, pressione no teclado a tecla de retorno, ou clique uma vez no icone, e pressione a tecla delete (apagar)

4- Clique em **ENVIAR** para enviar o E-mail.

137

ENVIAR E-MAIL

Depois de clicar o botão Enviar

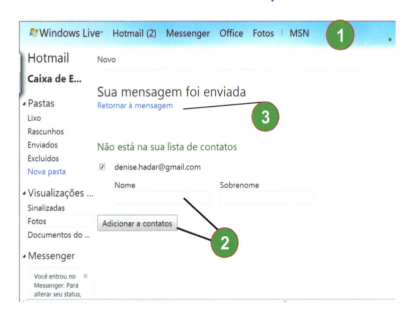

1- Se o destinatário não estiver na sua lista de contatos . Depois que você clicar **Enviar. V**ocê verá essa janela

2- Se você deseja adicionar o novo contato a sua lista de contatos, escreva o nome da pessoa e clique **Adicionar a contatos**. Se não desejar adicionar clique **Retornar à mensagem**.

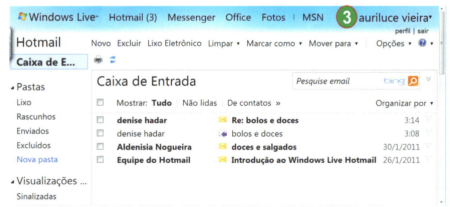

3- Clique em Retornar à mensagem para ver a sua Caixa de Entrada.

RECEBER E-MAIL

Na caixa de entrada

1- Na caixa de entrada do e-mail. Clique no nome do remetente ou no assunto para ler o e-mail. note que no cabeçario há (1) na palavra **Hotmail**, indica que há um e-mail não lido. O e-mail que não foi lido estar com a tinta mais escura.

2- Clique nessa setinha para ver a lista dos outros recipientes desse e-mail. Clique novamente para esconder

3- Clique nessa setinha para ver opções de Responder ou vá ao cabeçário para ver opções similares

RECEBER E-MAIL

Com Anexos, Documentos e Fotos

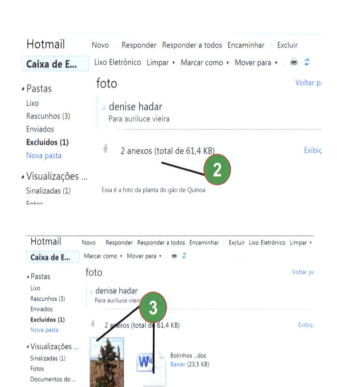

Os e-mails de cores mais escuras, são os e-mails que ainda não foram abertos, não lidos. Note que os que vem com anexo tem um desenho de um clip de papel ao lado do remetente.

1- Clique na linha do remetente ou do assunto para visualizar todo o e-mail

2- Depois de visualizar o corpo do o e-mail, se desejar ver os anexos, Clique na linha nesse caso, **2 anexos(total de 61,4KB)**

3- Hotmail lhe mostra uma pequena foto, e o documento é mostrado indicando qual é o programa, nesse caso é um documento feito no Program de Word.

RECEBER E-MAIL

Abrir Anexos de Fotos

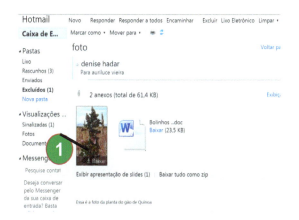

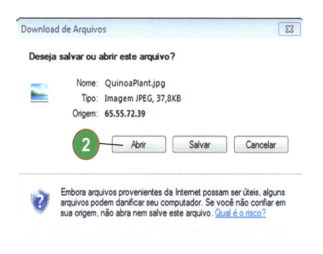

1- Na foto. Clique em **Baixar** , você verá a janela com as opções de Abrir, Salvar e cancelar.

2- Clique **Abrir**,

3- você verá a janela do seu Navegador, nesse caso Internete Explorer, pergunta se você permite a abertura

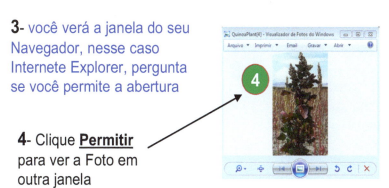

4- Clique **Permitir** para ver a Foto em outra janela

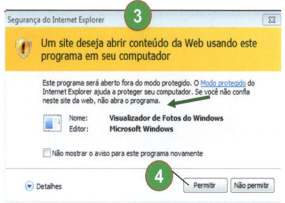

RECEBER E-MAIL

Salvar Anexos de Fotos

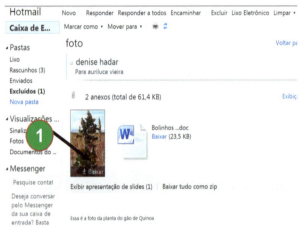

1- Na foto. Clique em **Baixar** , você verá a janela com as opções de Abrir, Salvar e Cancelar.

2- Clique **Salvar** para salvar o anexo no seu computador.

3- A janela dos seus documentos aparecerá, você escolhe em que pasta deseja salvar, nesse caso, como é uma foto, clique em **Imagens**, para ver a relação de pastas contidas no arquivo de Imagens. Clique na pasta que deseja, ou abra uma nova pasta. (se for vídeo, clique na pasta de vídeo).

4- Digite um novo nome para a foto, ou mantenha o nome que estar. Clique **Salvar**

RECEBER E-MAIL

Abrir Anexos de Documentos

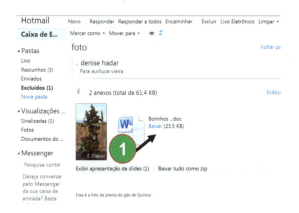

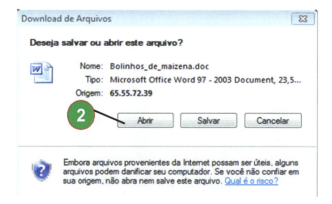

1- No documento. Clique em **Baixar**, você verá a janela com as opções de Abrir, Salvar e Cancelar.

2- Clique **Abrir**,

3- Você verá a janela do seu Navegador, nesse caso Internete Explorer, pergunta se você permite a abertura

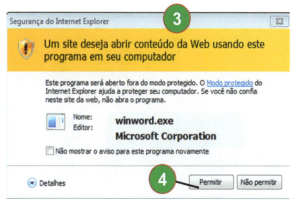

4- Clique **Permitir** para ver o documento em outra janela.

RECEBER E-MAIL

Salvar Anexos de Documentos

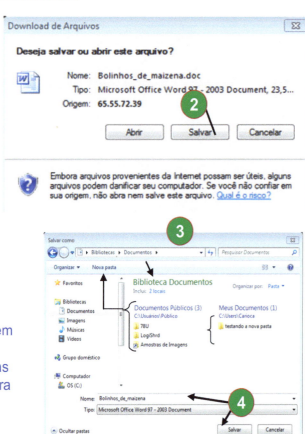

1- No Documento. Clique em **Baixar** , você verá a janela com as opções de Abrir, Salvar e cancelar.

2- Clique **Salvar,** para salvar o anexo no seu computador.

3- A janela dos seus documentos aparecerá, você escolhe em que pasta deseja salvar, nesse caso, como é documentos, clique em Documentos, para ver a relação de pastas contidas no Arquivo Documentos. Clique na pasta que deseja, ou abra uma nova pasta (se for vídeo clique na pasta de vídeos).

4- Digite o novo nome do documento ou mantenha o que estar. Clique **Salvar**

RESPONDER E-MAIL

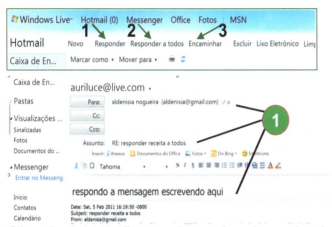

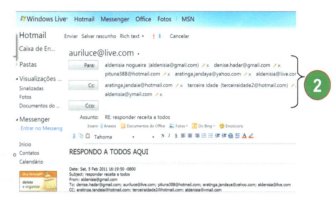

1- Clicando no botão <u>**Responder**</u> você verá essa janela, que já estar escrito o nome do destinatário, e o assunto escrito depois da palavra RE:(responder). Nessa opção a resposta vai só para a pessoa que lhe escreveu.

2- Clicando no botão <u>**Responder a todos**</u> a resposta irá para quem lhe escreveu, e para todos que como você, receberam esse email, original ou cópia.

3- Clicando no botão <u>**Encaminhar**</u>, você terá que digitar o endereço de e-mail do destinatário. O assunto já estar escrito seguido da palavra **ENC:** (encaminhar) ou **FW** (forward)= encaminhar

4- Para que o destinatário, não veja a lista de e-mails de recipientes anteriores. Coloque o ponteiro do mause no começo do item que você quer eliminar, segure e deslize, note que toda a area ficará azul, solte o mause e clique a tecla DELETE (Apagar). Você pode apagar e modificar, o que quiser e encaminhar somente o que deseja, sem que o recebedor saiba que você recebeu esse documento de outra pessoa.

ORGANIZAR E-MAILS

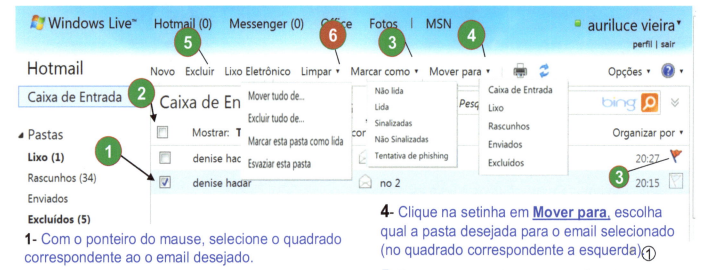

1- Com o ponteiro do mause, selecione o quadrado correspondente ao o email desejado.

2- Clique uma vez para selecionar todos. Clique novamente para retirar.

3- Clique na pequena seta **Marcar como** para ver as opções: se a opção Não lida é escolhida, o e-mail selecionado (no quadradinho à esquerda) vai ficar mais escuro e o cabeçalho do Hotmail vai aumentar o número de e-mails não lidos Hotmail(??). Na opção Sinalizadas, o email selecionado ficará marcado(bandeira vermelha) para chamar a atenção, Não sinalizadas vai tirar a bandeira. A opçãoTentativa de phishing denuncia o remetente como mensagens indesejadas.

4- Clique na setinha em **Mover para**, escolha qual a pasta desejada para o email selecionado (no quadrado correspondente a esquerda)①

5- Para apagar qualquer e-mail. Selecione no quadradinho da esquerda, e clique **Excluir**.

6-Clicando na setinha de **Limpar,** a opção **Mover tudo** e **Excluir tudo**, se refere a todos os e-mails vindo desse remetente, os quais seram removidos. Como também a **pasta contendo** esse e-mail será totalmente limpa portanto **cuidado** com essa opção.

CRIAR NOVAS PASTAS

1- Clique **Nova pasta** para criar sua pasta pessoal ou clique em **Pastas** e em Adicionar uma nova pasta

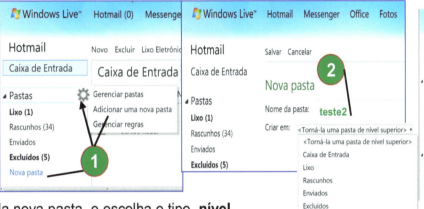

2-Digite o nome da nova pasta, e escolha o tipo, **nível superior** significa que é uma pasta principal, não é uma subpasta. Clique **Salvar**.

3- Selecione o local. Exemplo Escolhi Rascunhos. Clique **Salvar**

4- A nova pasta será uma subpasta de Rascunhos.

5- Na janela de opções, marque o quadradinho **teste2**, clique **excluir** . Clique **Nova** para abrir nova pasta, Renomear para mudar o nome, para sair clique Caixa de entrada.

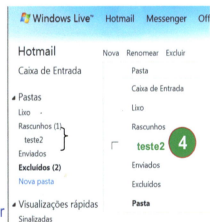

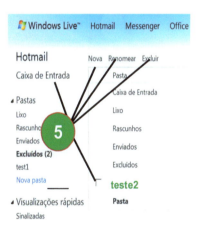

147

ADICIONAR CONTATOS

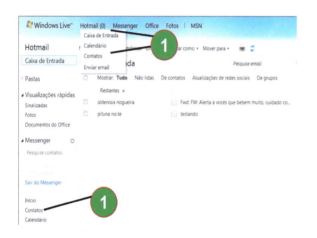

1- No cabeçário, coloque o ponteiro do mouse em Hotmail. Clique na opção **Contatos**, ou clique em Contatos a esquerda embaixo de Inicio.

2- Marque para selecionar o contato que deseja modificar, ou Marque **Tudo** para selecionar todos, clique novamente para remover toda a seleção.

3- Selecione o contato marcando no quadradinho ao lado do mesmo. Clique **Excluir** para apagar o contato da lista.

4- Clique em **Editar** para ir à janela do formulário do contato selecionado para modifica-lo

5- Clique **Novo** para ir à janela do formulário para preencher as informações de um novo contato.

ADICIONAR CONTATOS

Adicionado a data de aniversário dos seus contatos da caixa de entrada do e-mail automaticamente a data constará no calendário de aniversários.

Na página anterior, depois que você clicou **Novo;** essa será a janela para preencher os dados de um novo contato.

6-Coloque as informações que desejar. Clique **Salvar**

Depois dos contatos e seus respectivos e-mails, forem adicionados a lista de contatos. Ao digitar a primeira letra, do nome do contato na linha **Para:** de enviar e-mail, Hotmail e live.com lhe mostra a lista de nomes de contatos, que começa com aquela letra, para que você escolha, com um clique qual o contato, que você deseja enviar o e-mail.

149

ADICIONAR CONTATOS NO MESSENGER DA CAIXA DE ENTRADA

Para conversar (chat) da caixa de entrada do Hotmail ou Live.com, é necessário adicionar contatos, no Messenger. Você adiciona amigos da sua lista de contatos de e-mail, ou pode convidar outros, que não estão na sua lista. Mas você só poderá conversar com seu amigo, se ele tiver conta de Hotmail ou Live.com. Se seu amigo tiver outro e-mail por exemplo Google ou UOL; Hotmail envia o convite e oferece para ele abrir uma conta do Hotmail ou Live.com para conversar com você.

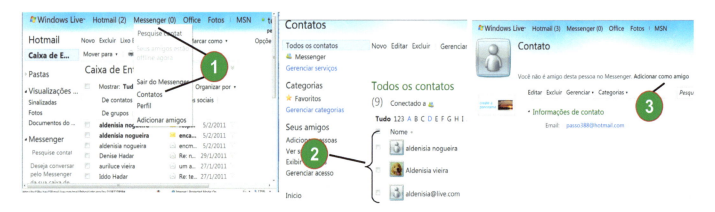

1- Clique <u>Messenger </u>e clique **<u>Contatos</u>** para adicionar da lista dos seus contatos

2- Na lista de contatos selecione o contato desejado.

3- Clique **<u>Adicionar Como Amigo</u>**

4- Selicione se deseja essa pessoa ser um favorito e Clique **Convidar**. Hotmail enviará um convite ao contato.

ADICIONAR CONTATOS NO MESSENGER DA CAIXA DE ENTRADA

Adicionar amigos

1- Clique <u>Messenger</u> e clique **Adicionar amigos** para adicionar amigo que não estar na sua lista de contatos.

2- Escreva o endereço de e-mail do seu amigo. Clique **Próximo**

3- Selecione se deseja essa pessoa ser um favorito e Clique **Convidar**. Hotmail enviará um convite ao contato.

4- Na caixa de entrada do seu amigo ele clica em **1 convite** e ele verá a janela para ele aceitar ou não.

CONVERSAR PELO MESSENGER DA CAIXA DE ENTRADA

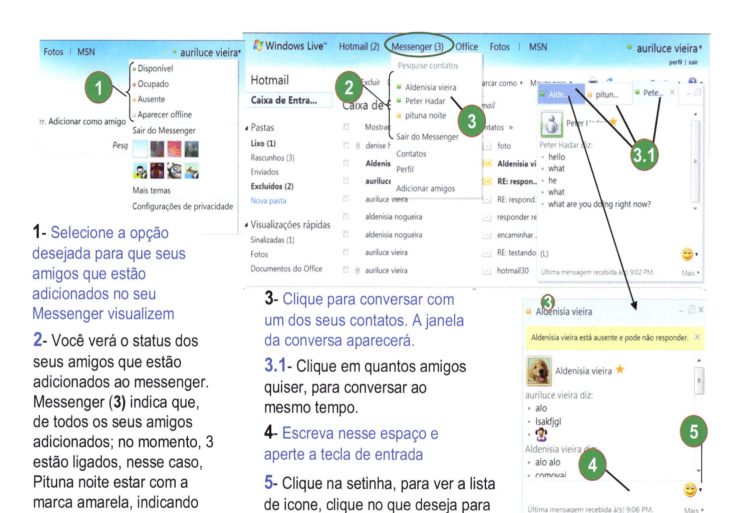

1- Selecione a opção desejada para que seus amigos que estão adicionados no seu Messenger visualizem

2- Você verá o status dos seus amigos que estão adicionados ao messenger. Messenger (**3**) indica que, de todos os seus amigos adicionados; no momento, 3 estão ligados, nesse caso, Pituna noite estar com a marca amarela, indicando estar Ausente.

3- Clique para conversar com um dos seus contatos. A janela da conversa aparecerá.

3.1- Clique em quantos amigos quiser, para conversar ao mesmo tempo.

4- Escreva nesse espaço e aperte a tecla de entrada

5- Clique na setinha, para ver a lista de icone, clique no que deseja para enviar ao amigo.

CALENDÁRIO DO HOTMAIL E LIVE.COM

O calendário do Hotmail é uma ferramenta muito últil e muito fácil de usar. Depois que você se habitua, será difícil ficar sem ele. Esse calendário ajuda a você atualizar-se com datas importantes, previsão do tempo etc.

1- No cabeçário, coloque o ponteiro do mause em Hotmail, clique na opção **Calendário**, ou clique em Calendário, a esquerda, abaixo da Caixa de Entrada.

2- Na primeira vez que você estabelece o calendário, você deverá escolher seu fuso horário, e Clicar **Ir para o seu calendário.**

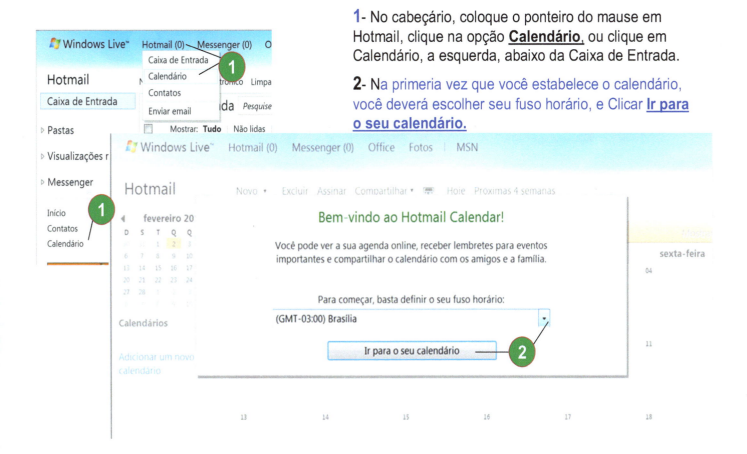

CALENDÁRIO DO HOTMAIL E LIVE.COM

1- O calendário já vem padrão, contendo separadamente 3 calendarios- Feriados, Aniversários, e o seu particular, podendo-se adicionar outros calendários. Clique uma vez, marcando para ver o conteúdo de cada calendário, clique novamente para desmarcar e não visualizar.

2- Clique cada aba para visualizar e também adicionar datas, eventos, etc. em qualquer do seus calendários.

3- Clique na setinha para visualizar os meses passados e os seguintes.

CALENDÁRIO DO HOTMAIL E LIVE.COM

Adicionar novo calendário

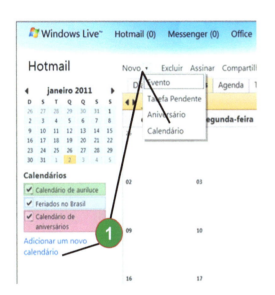

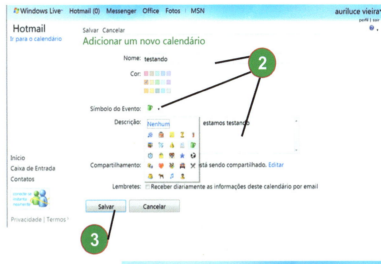

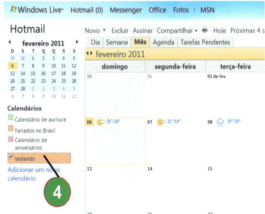

1- Clique em **Adicionar um novo calendário**, ou Clique na setinha de **Novo** e Clique **Calendário**

2- Dê nome ao novo calendário, se desejar escolha um simbolo, uma côr, e o descreva.

3- Clique **Salvar**

4- O nome do novo calendário estará adicionado e constará na lista de calendários.

CALENDÁRIO DO HOTMAIL E LIVE.COM

Excluir calendário

1- Coloque o ponteiro do mause no nome do calendário, clique o lado direito do mouse, clique **Editar**

2- Na janela de configurações do calendário, clique **Excluir**

3- Hotmail lhe pergunta novamente para ter certeza. Clique **Excluir.**

CALENDÁRIO DO HOTMAIL E LIVE.COM

Adicionar Evento

1- Clique na setinha em Novo para ver a lista de opções.

2- Clique **Aniversário** para adicionar aniversários. Obs.: No calendário aniversários só se pode adicionar datas de aniversários

3- Clique **Salvar.** Após salvar o evento, você receberá no e-mail um lembrete ou dois se a opção de enviar lembrete for escolhida. Obs.:Quando se adiciona contatos da caixa de entrada de e-mail, e no formulário se coloca data de aniversário, essa data de aniversário, automaticamente irá para o Calendário de aniversários.

4-Clique Evento para adicionar eventos, aos calendários no entanto, não se pode adicionar eventos no calendário Feriados no Brasil ou Calendário de aniversários.

5- Clique nessa setinha, para escolher o calendário que deseja adicionar, desde que não seja o de Aniversário, ou de Feriados do Brasil. Nessa janela estará listado os calendários novos criados por você, e o seu que já estava como padrão. Clique **Salvar.**

CALENDÁRIO DO HOTMAIL E LIVE.COM

Adicionar Evento

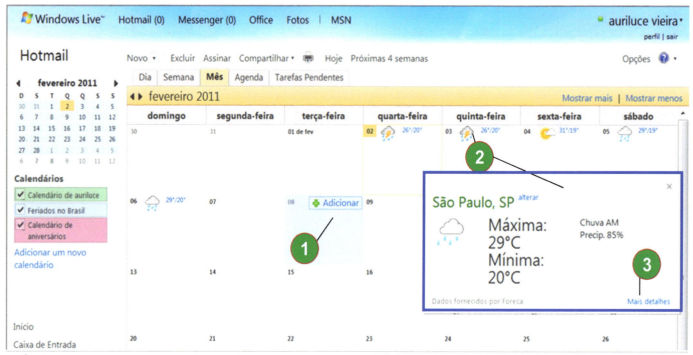

1- Clique uma vez em qualquer data, para adicionar eventos. Clique Adicionar.

2- Clique para ver a previsão do tempo

3- Clique para ir ao site na internete, e ver a previsão do tempo em todo o Brasil.

CALENDÁRIO DO HOTMAIL E LIVE.COM

Compartilhar o calendário

O Calendário, e informação contida nele, pode ser dividida com seus parentes, amigos, colegas de trabalho etc. Você pode autoriza-los a fazer modificações no seu calendário, ou simplesmente visualiza-lo.

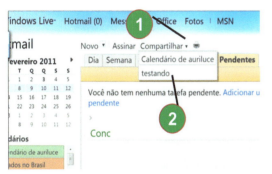

1- Clique na setinha em **Compartilhar,** para ver quais os calendários que se pode compartilhar. Note que Feriados do Brasil e Aniversários, não estão na lista.

2- Clique em **tentando** (o novo calendário adicionado), para compartilha-lo.

3- Selecione **Compartilhar este calendário**. Clique **salvar**, a janela das configurações aparecerá

4- A janela já estar marcada em compartilhar. Clique **Adicionar pessoas** para ver a lista de seus contatos.

5- Clique nessa setinha, para ver a lista de opções, de quem pode ver as tarefas pendentes. Clique na escolha.

CALENDÁRIO DO HOTMAIL E LIVE.COM

Compartilhar o calendário

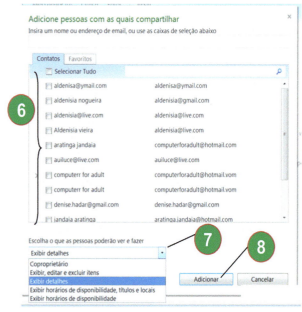

6- Na lista de contatos escolha, marcando no quadradinho o contato desejado.

7- Clique nessa setinha escolha o que deseja compartilhar.

8- Clique **Adicionar** e verá a nova janela com a lista dos contatos selecionados, os quais podem ser modificados e excluidos.

9- Clique se desejar adicionar mais contatos

10- Clique no **X** para excluir o contato do calendário

11- Clique **Salvar**

12- Para voltar a caixa de entrada, coloque o ponteiro do mause em Hotmail e escolha **Caixa de entrada**.

CAPÍTULO 8

MSN MESSENGER

- MSN Messenger
- Acessar o Messenger
- Personalizar o MSN
- Adicionar amigos ao MSN
- Enviar mensagem instantânea
- Enviar mensagem de vídeo
- Conversar com mais de um amigo
- Iniciar uma mensagem de vídeo
- Receber mensagem de vídeo
- Receber mensagem instantânea
- Acessar MSN da barra de tarefas

Nesse Capítulo, eu explico passo a passo como falar com seus amigos usando o MSN diretamente da sua Caixa de e-mail.
Você aprenderá como personalizar a sua página de MSN, adicionar amigos a sua lista de contatos, a enviar mensagens instantânea como também gravar uma mensagem de vídeo e enviar aos seus contatos. Você aprenderá a iniciar uma mensagem de vídeo como também receber. Você verá como é simples falar com mais de um amigo através da mensagem instantânea –MSN, também aprenderá como acessar o seu MSN da barra de tarefas.

MSN MESSENGER

The Microsoft Network MSN é um conjunto de web sites e serviços proveniente da Microsoft. O serviço de provedor de internete começou em 1995, quando tambem foi lançado o Sistema Operacional Windows 95.

O MSN é um progama gratuito, que permite você conversar com amigos pelo vídeo (somente se seu computador tiver câmera, e o computador dos seus amigos também tiver câmera). Se seu computador não tiver câmera, você pode conversar em tempo real usando o teclado; nesse caso chama-se, Mensagem Instatanêa. Para que você entre no MSN, é necessário que você tenha uma conta de e-mail do Hotmail ou Live.com, e também estar conectado com a internete.
Yahoo e Google, são exemplos de outras companhias que oferecem Mensagem instatânea com vídeo.

A Microsoft, usa o nome MSN para promover produtos e serviços de internete notadamente o e- mail Hotmail e MSN Messenger. Em 2005 a Microsoft lançou o **Windows Live**, que é um conjuto de serviços e programas (software).
Windows Live é gratuito e é oferecido pelo programa também gratuito, chamado Windows Live Essentias, o qual contém: Messenger, Photo Gallery, Mail, Writer, Movie Maker, Windows Live Mesh, Family Safety, e Serviços Mobile.

No computador com o Sistema Operacional Windows 7 ,(o qual pertence a Microsoft) vem instalados todos os produtos oferecidos pela a Microsoft incluindo; Windows Live mail, Windows Live Messenger etc. Depois que o computador estiver ligado. Clique no Botão Iniciar, para ver a relação.

ACESSAR O MSN – MESSENGER

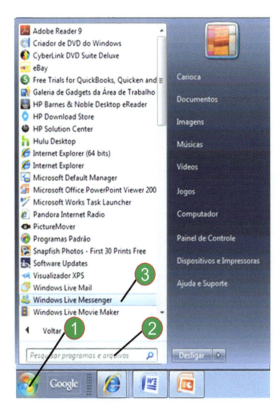

1-Clique no botão **Iniciar**

2- Clique em <u>Todos os Programas</u>

3- Clique em **Windows Live Messenger**

4- Como você já deve ter sua conta, digite o seu endereço de e- mail, se você não tiver, clique em Increver-se para ir ao formulário. Digite a sua senha.

5- Clique nessa setinha para escolher outras opções

6- Marque se quiser que o computador decore sua senha.(nunca marque para decorar se você estiver usando um computador público.

7- Clique **Entrar.**

163

ACESSAR O MSN – MESSENGER

É possível que antes dessa janela o MSN acione a câmera (se tiver) e pergunte se você deseja tirar foto para botar no site ou se você quer conectar com outros sites como também fazer configurações de privacidades. Você pode responder que não e clicar próximo ou avançar, porque isso poderá ser feito em qualquer outra ocasião

 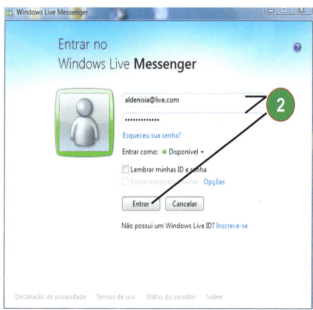

1- Clique em **MSN**

2- Digite seu e-mail e a senha Clique **Entrar.**

JANELA DO MSN

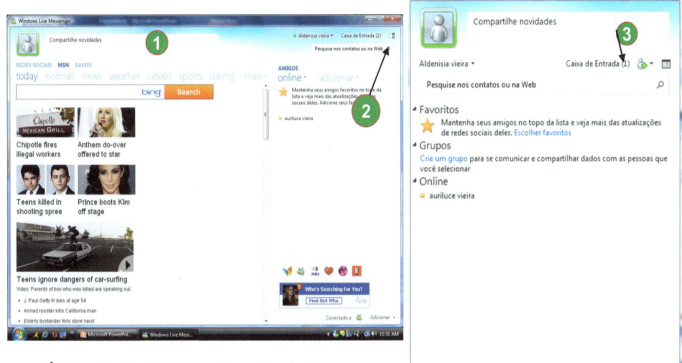

1- Essa é a janela que você ver depois de ter clicado MSN

2- Clique nesse icone, para ver a janela sem as propagandas.

3- Clique aqui para voltar

PERSONALIZAR O MSN

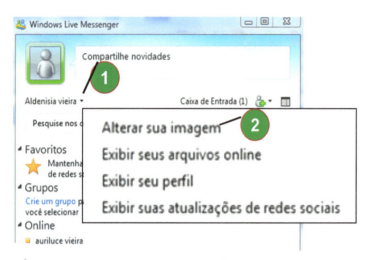

1-Coloque o mause nessa setinha, para ver a lista de opções.

2- Clique Alterar sua imagem

3- Na janela de imagem escolha uma das imagem Clique **OK**

4-Clique **Procurar**, para ir na sua pasta de fotos e escolher uma foto sua, que estar no seu computador. Após colocar sua própria foto, se você mudar de idéia, querer outra foto, clique **Remover** para remove-la,

5- A foto anterior (que você removeu) ficará nesse painel

PERSONALIZAR O MSN

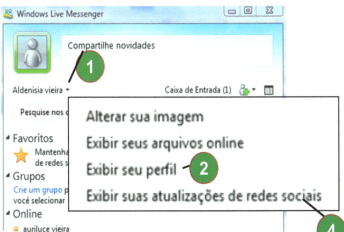

1-Coloque o mouse nessa setinha, para ver a lista de opções.

2- Clique **Exibir seu Perfil.**.

3- Na janela clique editar. Edite coloque no seu perfil informações para seus amigos visualizar.

4- Clique em **Exibir suas atualizações de redes sociais.**

5- Nessa janela de **Exibir suas atualizações** você visualiza suas atualizações, os destaques atuais, notícias etc.

6 -Clique no **X** para voltar a janela do windows Live Messenger.

PERSONALIZAR O MSN

1- Clique nessa setinha do seu nome para ver a lista de opções:

2- Marque a sua opção, como você deseja que os seus amigos visualizem o seu status

3- Clique em **Sair do Messenger** ou **Sair de todos os locais,** para desligar,

4- Clique nesse espaço para anunciar aos seus amigos as recentes novidades. Clique **Compartilhar**

5- Clique **foto** **Do seu computador** para procurar foto dentro do seu computador e compartilhar.

6- Clique para pesquisar na internete.

ADICIONAR AMIGOS AO MSN

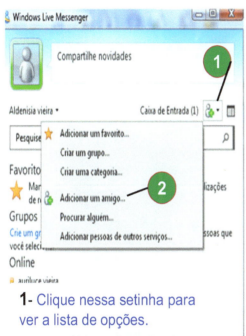

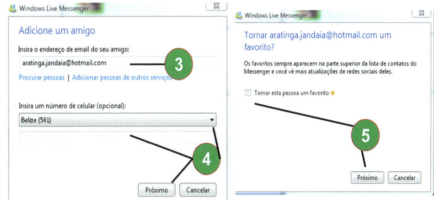

1- Clique nessa setinha para ver a lista de opções.

2- Clique Adicionar um amigo

3- Digite o e-mail do amigo.

4- Escolha o País, se desejar digite o número de telefone. Clique **Próximo.**

5- Selecione a opção clique **Próximo**

6- Clique Adicionar mais amigos, ou clique Fechar

ENVIAR MENSAGEM INSTANTÂNEA

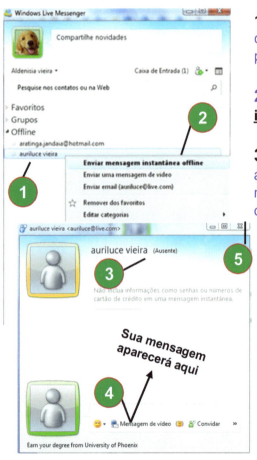

1- Coloque o mause em cima do nome do contato para ver a lista de opções.

2- Clique **Enviar mensagem instantânea offline**

3- Nesse caso meu contato esta ausente, mais irá receber a mensagem assim que ligar o computador dele.

4- Digite a mensagem, e pressione a tecla de entrada.

5-Clique para sair e fechar a janela, ou presione a tecla **alt** e a letra **q** conjuntamente.

6- Depois que fechar o Messenger você verá essa janela. Selecione a opção de salvar suas conversas de texto. Clique **OK**

ENVIAR MENSAGEM DE VÍDEO

1- Coloque o mause em cima do nome do contato para ver a lista de opções.

2- Clique enviar mensagem de vídeo

3- Sua câmera de vídeo será acionada, clique para gravar, 30 segundos de vídeo será gravado. Clique **Enviar.**

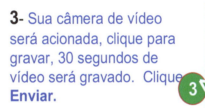

4- O vídeo será adicionado e enviado ao seu contato,ele visualizará quando ligar o computador dele.

CONVERSAR COM MAIS DE UM AMIGO

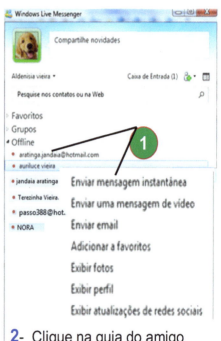

1-Clique Enviar mensagem instatânea em cada contato desejado e a janela do MSN mostrará cada contato, em uma guia diferente.

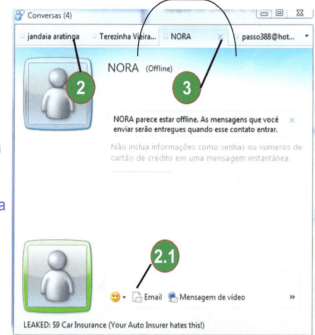

2- Clique na guia do amigo

2.1- Digite aqui para conversar

3- Clique no **X** para fechar a guia, e terminar a conversa com esse amigo.

4-Após clicar para fechar a guia, você verá essa janela. Selecione o que deseja, <u>guia atual</u> é a guia na qual você clicou no **X.**

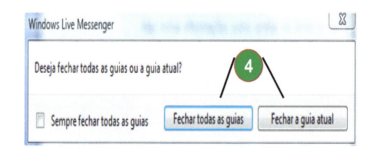

INICIAR UMA CHAMADA DE VÍDEO

2- Essa janela aparecerá enquanto você espera seu amigo atender

3- Quando seu amigo aceitar você verá o vídeo do seu amigo.

1-Coloque o mause em cima do nome do seu amigo que estar disponível. Clique **Inicar uma chamada de vídeo**

CHAMADA DE VÍDEO

1- Sobrevoe o ponteiro do mause nessa área para visualizar as opções.

2- As opções vem marcadas como padrão, você poderá modifica-los se desejar.

3- Clique para digitar na janela do messenger.

4- Clique para ver seu amigo em toda a tela.

5- Clique **Encerrar chamada** para desligar o vídeo, clique no pequeno X ,ou pressione a tecla **alt** e a tecla **q** ao mesmo tempo.

6- Para desligar e fechar a janela, clique no **X** do quadrado vermelho.

7- Enquanto você ver seu amigo você pode digitar mensagem para ele.

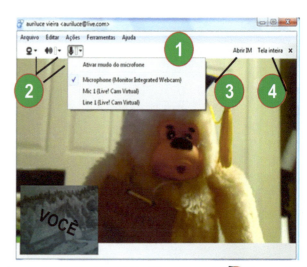

RECEBER UMA CHAMADA DE VÍDEO

1- Rodapé a direita do computador

2- MSN indicando que você estar ligado, a janela pode ou não estar aberta na tela

3 –Você deve escutar o chamado do telefone, clique Aceitar

4- Imediatamente você verá seu amigo.

RECEBER MENSAGEM INSTANTÂNEA

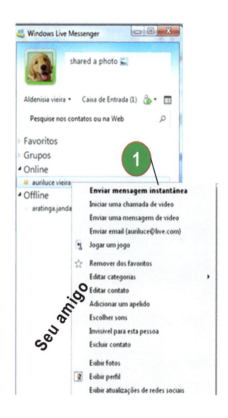

1- Seu amigo ver que Você estar ligado, ele clica no seu nome, e clica **Enviar uma mensagem instantânea**

2- Imediatamente você verá essa janela, com a mensagem do seu amigo. O seu amigo tambem verá no computador dele uma janela similar a essa.

ACESSAR O MSN DA BARRA DE TAREFAS

1- Se você fecha a janela do MSN, clicando o **X** no quadrado vermelho.

2- O icone do MSN vai para o rodapé da janela a direita. Sobrevoe o mause e veja o status, nesse caso, o status estar Disponível, os amigos podem ver que você estar ligado e podem lhe enviar mensagens

3- Coloque o ponteiro do mause no icone, clique o lado direito do mause para ver as opções.

4- Selecione a opção desejada.Clique **Abrir o Messenger** para ver a janela na tela.

5- Clique **Fechar,** para desconectar e o icone sairá do rodapé.

6- Clique **Sair** para desconectar; o icone ficará, no rodapé marcado com um **X** em vermelho. Para ver a janela novamente. Coloque o ponteiro do mause no icone, clique o lado direito do mause e clique **Entrar,** a janela de entrada aparecerá com o seu e-mail, você deverá digitar a senha, para acessar novamente.

CAPITULO 9

WINDOWS LIVE MAIL

- Windows Live mail
- Acessar windows live mail
- Adicionar contas
- Enviar e-mail
- Enviar e-mail com anexo
- Responder e-mails
- Encaminhar e-mails
- Navegação da janela de
  windows live mail

Aqui você aprenderá o que é windows live mail e como funciona. Você verá como é fácil colocar todas as suas contas de e-mail no windows live, e como é conveniente ter todas as suas contas de e-mail em um só lugar. Podendo acessar e enviar e-mail de diferentes contas, como também, receber e-mails de diferentes contas, tudo de uma mesma janela, A janela Windows Live mail.

WINDOWS LIVE MAIL

Windows live mail, é um programa que vem com o computador, pertence ao Windows Llive Essencials. Funciona como se fosse, um Cliente de e-mail. Windows Live, quando ativado no seu computador, gerencia todas as suas contas de e-mail, indo ao servidor correspondente a cada conta de e-mail, e transfere seus e-mails para o seu computador, lhe dando assim a oportunidade de ler todos os seus e-mails em um só lugar:

Windows live mail, não é um Cliente de E- mail, mais, vai aos diferentes servidores de e-mail, traz uma cópia de todos os seus e-mails, e os mantém organizados em um só lugar, em Windows Live Mail.

Portanto, em Windows Live mail, os seus e-mails e contatos, ficam arquivados ou guardados no Servidor da Microsoft, não há necessecidade para preocupações, pois, tudo estará seguro. Mesmo se o seu computador tiver problemas de funcionamento.

ACESSAR WINDOWS LIVE MAIL

1-Clique no botão **Iniciar**

2- Clique em Todos os Programas

3- Clique em **Windows Live Mail**

4- Como você já deve ter sua conta, digite o seu endereço de e- mail, como também a sua senha. Se você não tiver, clique em Increver-se para ir ao formulário.

5- Marque se quiser que o computador decore sua senha. Você **Não** deve marcar se o computador for de uso público.

6- Clique **Entrar.**

ABA INÍCIO DO WINDOWS LIVE MAIL

1- Na Caixa de entrada de Windows Live mail, posso ler, responder e apagar qualquer mensagem recebida por qualquer conta de e-mail que estiver nela.

2- No windows Live Mail, foram colocados 3 endereços de e-mail: aratinga.jandaia@hotmail.com, aldenisia@live.com, fernando.salvatore@gmail.com os quais posso visualiza-los e responde-los

3- Clique cada e-mail e visualize abaixo

4- Clique para ler, apenas os e-mails não lidos, recebidos pelas 3 contas de e-mail.

5- Clique para entrar, usando o endereço de e-mail que deseja enviar mensagem instantânea.

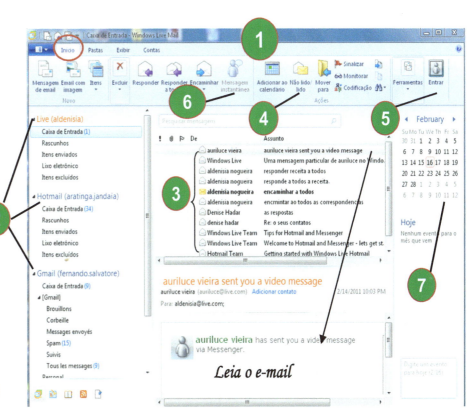

6- Clique para enviar mensagem instantânea

7-O calendário estar visível posso escondê-lo, clicando na aba Exibir e selecionando o calendário.

ADICIONAR CONTAS DE E-MAIL

Os e-mails <u>gratuitos</u> do yahoo não poderão ser adicionados.

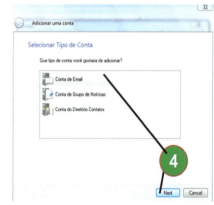

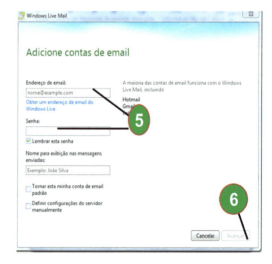

1- No Cabeçário. Clique nessa setinha para ver a lista de opções.

2- Clique em **opções** e **contas de e-mail**

3- Clique em **Adicionar**

4- Selecione Conta de email. Clique **Next**

5- Digite seu endereço de e-mail e sua senha.

6- Clique Avançar

ADICIONAR CONTAS DE E-MAIL

Os emails <u>gratuitos</u> do yahoo não poderão ser adicionados.

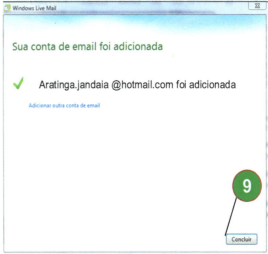

7- Escolha se deseja sempre entrar com esse e-mail. A escolha é relacionada ao e-mail que você deseja enviar mensagem instantânea. Você pode mudar enquanto estar em um e-mail, e deseja que a mensagem instantânea seja do seu outro endereço de e-mail. Desde que seja hotmail ou live.com.

8- Selecione Remover se preferir, ou se desejar mude seu e-mail padrão, o qual é o e-mail que você acessa o windows live mail. Clique Fechar

9- Clique Concluir

ENVIAR E-MAIL USANDO WINDOWS LIVE MAIL

A vantagem de usar Windows live Mail, é que pode-se enviar e-mails de contas diferentes, para qualquer contato usando a mesma janela. Escolhendo-se de qual endereço de e-mail o contato receberá.

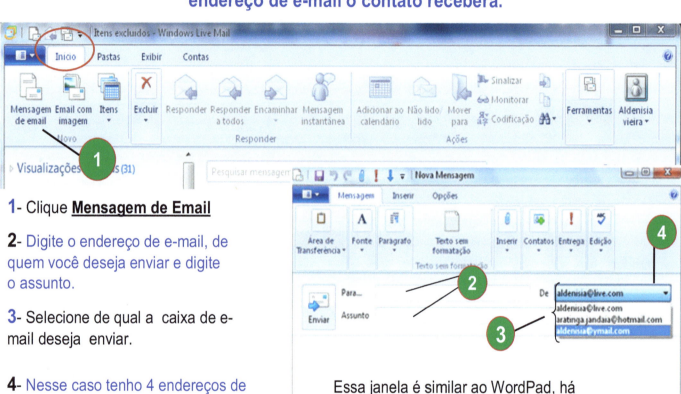

1- Clique **Mensagem de Email**

2- Digite o endereço de e-mail, de quem você deseja enviar e digite o assunto.

3- Selecione de qual a caixa de e-mail deseja enviar.

4- Nesse caso tenho 4 endereços de e-mails, que posso escolher. Por ex.: você pode separar, o e-mail de trabalho só para amigos do trabalho.

Essa janela é similar ao WordPad, há várias opções de formato de texto.

ENVIAR ANEXO, RESPONDER A TODOS, ENCAMINHAR E-MAIL

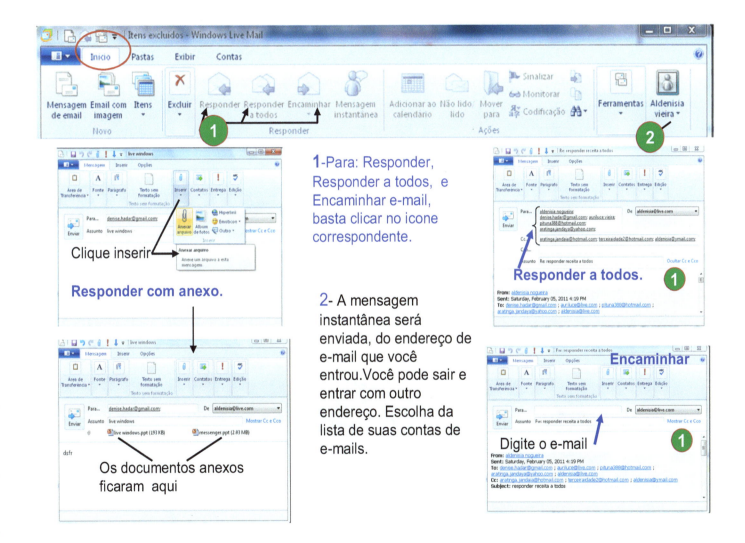

1-Para: Responder, Responder a todos, e Encaminhar e-mail, basta clicar no icone correspondente.

Clique inserir

Responder com anexo.

Responder a todos.

2- A mensagem instantânea será enviada, do endereço de e-mail que você entrou.Você pode sair e entrar com outro endereço. Escolha da lista de suas contas de e-mails.

Os documentos anexos ficaram aqui

Encaminhar

Digite o e-mail

185

ABA PASTAS - WINDOWS LIVE MAIL

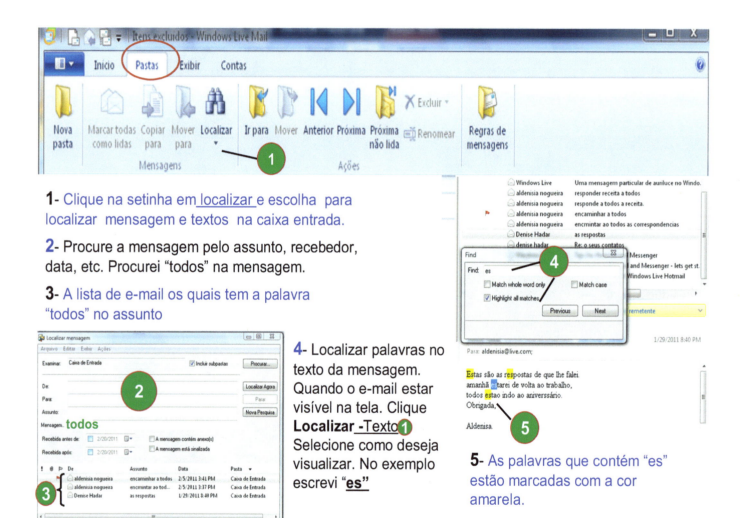

1- Clique na setinha em localizar e escolha para localizar mensagem e textos na caixa entrada.

2- Procure a mensagem pelo assunto, recebedor, data, etc. Procurei "todos" na mensagem.

3- A lista de e-mail os quais tem a palavra "todos" no assunto

4- Localizar palavras no texto da mensagem. Quando o e-mail estar visível na tela. Clique **Localizar** -Texto❶ Selecione como deseja visualizar. No exemplo escrevi "**es**"

5- As palavras que contém "es" estão marcadas com a cor amarela.

ABA PASTAS - WINDOWS LIVE MAIL

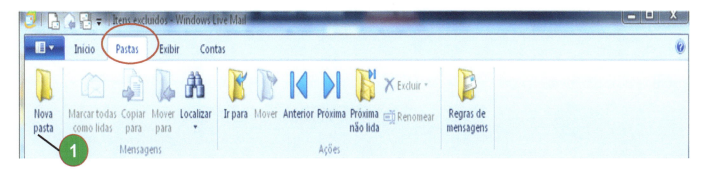

1- Você pode criar Nova Pasta em qualquer endereço de e-mail que estiver no seu windows Live mail. Clique **Nova Pasta**

2-Dê o nome a nova pasta, e selecione em qual caixa de e-mail, você deseja a nova pasta. No exemplo, dei o nome (para testar o live mail) selecionei, o meu e-mail auriluce@live.com, e selecionei caixa de entrada. Clique OK

3- Minha nova pasta aparecerá abaixo da caixa de entrada do meu e-mail auriluce@live.com. Posso colocar os e-mails que desejar nesta pasta

ABA EXIBIR E CONTAS WINDOWS LIVE MAIL

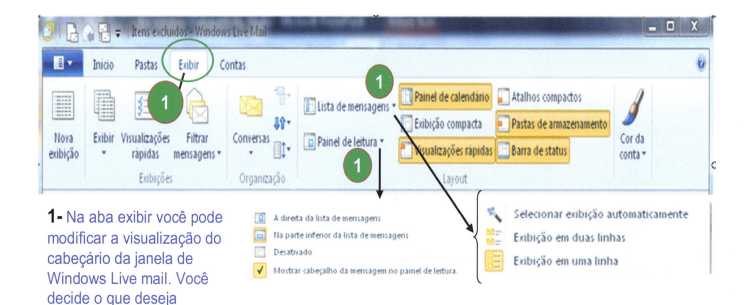

1- Na aba exibir você pode modificar a visualização do cabeçário da janela de Windows Live mail. Você decide o que deseja visualizar na sua tela. Clique em qualquer opção para visualiza-la, clique novamente para voltar.

2- Na aba contas você pode acessar as propriedades, abrir nova conta,como também adicionar outras contas na janela do Windows Live mail

INTRODUÇÃO AO SKYPE

- Instalar o Skype
- Criar nova conta
- Testar a câmera de vídeo
- Adicionar sua foto
- Modificar o perfil
- Adicionar contato
- Fazer uma chamada sem vídeo
- Fazer e receber chamada com vídeo

Nesse capítulo você terá uma introdução ao skype, o qual é um programa muito fácil de usar. Aprenderá a fazer ligações com vídeo como também chamadas sem vídeo através do skype. Com o skype você poderá conectar-se pelo o vídeo ou somente usando a voz(telefone), com várias pessoas sem a necessidade de estar ligado na sua caixa de e-mail do MSN ou de qualquer outro programa. Skype é independente da sua caixa de e-mail.

SKYPE (iskaipe)

Skype foi criado em 2003 pelo Suecos Niklas Zenntrõm e Dane Janus Friis. Sua matriz é em Luxemburgo, mais a maioria dos seus pesquisadores, estam na Estônia. Parte da companhia foi vendida para uma companhia americana chamada Ebay. Atualmente Skype pertence a Microsoft.

Skype, em português (iskaipe) é um programa que depois de instalado, no seu computador, você pode fazer ligações telefônicas, do seu computador para outro computador, que tem o progama skype instalado. As ligações são gratuitas. Como também é gratuito uma ligação de vídeo, de computador para computador.

Fazer chamada de vídeo com uma pessoa é gratuito, mas, os dois computadores tem que ter instalada câmera de vídeo ou webcam (videocam).

Por uma baixa quantia, que você paga com cartão de crédito na internet, pode-se tambem fazer ligações, do seu computador para um telefone fixo ou celular. Como também, por um baixa quantia, pode-se fazer conferência de vídeo, isto é, falar e ver no vídeo, com no máximo 5 pessoas ao mesmo tempo.

Recetemente, Skype adicionou as funções de mensagem instantânea, trasferência de vídeo e conferência de vídeo, como também compartilhar documentos na tela.

INSTALAR O SKYPE E CRIAR NOVA CONTA

É possivel que o seu computador já venha com o Skype instalado, se não veja como fazer .

1- Clique no botão **Iniciar**

2- Clique em **Internet Explorer** ou outro Navegador como firefox

3- Na pesquisa, digite SKYPE e escolha a opção que irá ler na janela do Navegador (Internet Explorer, ou qualquer outro navegador que você estiver usando), esse endereço abaixo. Você também pode digitar na janela do Navegador essa linha abaixo e pressione a tecla de entrada.

http://www.skype.com/intl/pt/get-skype/on-your-computer/windows/

4- Windows Explorer tenta proteger seu computador, é possivel que você veja essa janela. Clique na linha de cima e clique **Dowload the File** para autorizar a instalação.

5- Clique **Descarregar agora mesmo** para iniciar a instalação

191

INSTALAR O SKYPE   CRIAR NOVA CONTA

6- Clique **Run** para iniciar a instalação

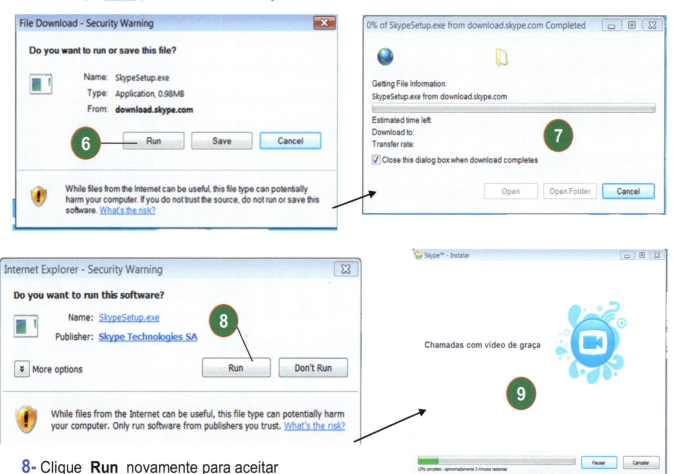

8- Clique **Run** novamente para aceitar

INSTALAR O SKYPE E CRIAR NOVA CONTA

10- Clique na setinha para selecionar o idioma. Clique **I agree install**

12- Clique **Concordo instalar**

13- Digite seu nome, escolha um nome para o skype, coloque sua senha e endereço de e-mail. Clique **Concordo-Criar conta**

14-Caso o nome do skype, que você escolheu, já exista, o skype lhe dar uma lista de opções, aceite as opções, ou escolha outro nome. Clique **Criar conta**

TESTAR A CÂMERA DE VÍDEO E ADICIONAR SUA FOTO

1- Clique Ver meu vídeo para testar sua câmera

3-Clique para adicionar sua foto

2- Você verá sua imagem na tela, vindo da sua câmera de vídeo

4- Procure fotos no seu computador. Clique OK

MODIFICAR O PERFIL E ADICIONAR CONTATO

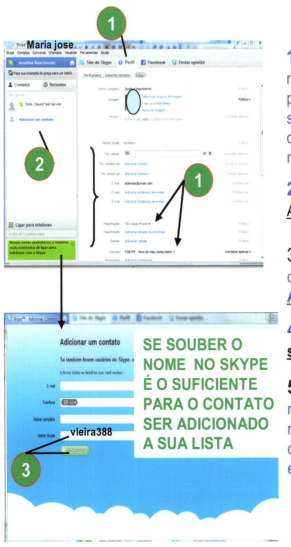

1- Clique para modificar o perfil.Clique nas setinhas ao lado das opções para modifica-las

2- Clique para Adicionar contato

3- digite o nome do contato. Clique **Adicionar**

4- Clique **Enviar solicitação**

5- denise (vieira388) nome no skype, estar na minha lista de contatos, mas ela não estar ligada.

SE SOUBER O NOME NO SKYPE É O SUFICIENTE PARA O CONTATO SER ADICIONADO A SUA LISTA

FAZER UMA CHAMADA COM VÍDEO

1- Denise ligou o computador dela, e aceitou meu convite. Agora eu posso ver, quando ela estiver ligada, pois, há um marca de cor verde, ao lado do nome dela.

2- Cliquei no nome denise, e vejo a foto dela e as informações que ela botou na página dela.

3- Cliquei **Chamada com vídeo**.

4- Imediatamente minha câmera é acionada; o telefone chama, e eu espero denise atender.

5- Clique para fazer chamda telefônica-sem vídeo

6- Sobrevoe, o mause nessa área para aparecer e desaparecer a linha de opções.

FAZER UMA CHAMADA COM VÍDEO

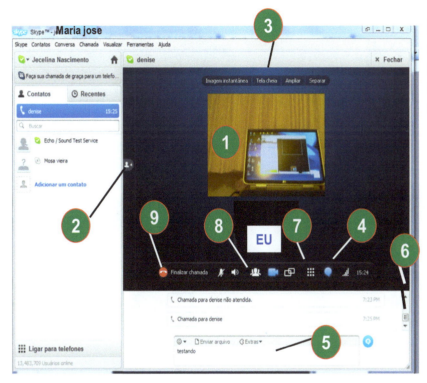

5- Clique na área de mensagens, digite sua mensagem e pressione a tecla entrada, se o contato estiver desligado verá a mensagem, quando ligar o computador dele.

6- Clique na régua puxe para baixo para ver toda a mensagem

7-Clique para ligar para telefone fixo e celulares. (requer pagamento de assinatura) Comprar créditos.

8- Enquanto conversa com um amigo. Clique para adicionar outros.(somente se pagar assinatura-conferência)

9-Clique **Fechar chamada** para desligar.

1- Denise atende a chamada,com vídeo, agora posso conversar e vê-la na tela acima da minha imagem.

2- Clique para o painel de contato aparecer e desaparecer.

3-Clique para o vídeo do seu contato ficar em toda a tela.

4- Clique para fechar e abrir a área de escrever mensagens

RECEBER CHAMADA COM E SEM VÍDEO

1- Lucia iniciou uma chamada <u>com</u> o vídeo

2- Eu atendo clicando no **Atender com vídeo**

3- A imagem da Lúcia e a minha aparecerá na tela.

4- Lúcia iniciou uma chamada <u>SEM</u> o vídeo
(ela não quer ser vista).

5- Eu atendo clicando no **Atender COM vídeo**

6- Nesse caso ela me ver no computador dela, mas eu **não** a vejo

7- Lúcia iniciou uma chamada <u>SEM</u> o vídeo

8- Eu atendo clicando em **Atender.**

9- Nesse caso, meu vídeo não foi acionado, portanto, ela **não** pode me ver, e eu não posso ve-la. Falamos como se fosse uma ligação telefônica.

CAPÍTULO 11

INTRODUÇÃO AO FACEBOOK

- Facebook
- Abrir uma conta no facebook
- Adicionar foto ao perfil
- Editar seu perfil
- Localizar amigos
- Adicionar amigos
- Digitar no mural e compartilhar
- Visualizar os recados
- Configurar sua privacidade

Aqui você será introduzido a um dos site de amizade mais famoso que é o Facebook. O qual é muito fácil de usar. Eu mostrarei passo a passo como abrir a sua conta, você aprenderá como adicionar fotos, localizar amigos, como deixar recados para todos no seu mural, como enviar mensagem de e-mail privada para seus amigos que estão no facebook. E o que é muito importante vocé verá como configurar a sua privacidade na conta do facebook.

FACEBOOK

Facebook é um web site de comunicação social, no qual depois que você abrir uma conta, você pode: enviar mensagem de e-mail, pode conversar na mensagem instantânea do próprio site que se chama Bate-papo, como também você pode fazer um album de fotos e vídeos e coloca-los no site.

A parte mais popular do site do Facebook , é que você pode ao mesmo tempo enviar mensagens para todos os seus amigos, ou pode escolher quais os amigos que estão autorizado por você a visualizar as mensagens. Você pode compartilhar com o seus amigos ou com o mundo inteiro suas fotos, vídeos e o que desejar isso é, quando você coloca sua mensagem no Mural.

 O que é Mural ? - Por exemplo: imagine uma cidade com o nome de Facebook, nessa cidade tem uma única praça onde todos se encontram, no meio da praça existe uma parede, cada morador da cidade possui uma parte da parede, que é usada como meio de comunicação, entre os moradores que, escrevendo na parede deixam recados uns aos outros. Você escreve na sua parte da parede, se preferir, também pode-se escrever na parte da parede dos amigos. Como essa é uma parede em praça pública todos podem ver os recados uns dos outros.

O Mural, é como se fosse essa parede, cada pessoa que possui conta no facebook, possui um Mural que é usada para deixar recado para amigos, compartilhar as novidades com todos, ou apenas com os amigos mais íntimos. Coloca-se mensagem, fotos, vídeos.

Além do Mural, no Facebook você também tem sua caixa de mensagem, para enviar e receber e-mails. (privado)

ABRIR UM CONTA NO FACEBOOK

Em PORTUGAL

1- No seu Navegador digite ➤ http://pt-br.facebook.com/   http://pt-pt.facebook.com/
e pressione a tecla de entrar

2- Preencha o formulário. Clique **Cadraste-se**

3- Digite o código. Clique **Cadraste-se**

4- Clique **Ir para o seu e-mail**
Facebook envia uma mensagem para o seu e-mail. Clique **Just one more step...**

Caixa do e-mail que você escreveu quando se cadastrou no Facebook

5- Na sua caixa de e-mail. Clique na mensagem que Facebook lhe enviou para confirmar e abrir a sua página do facebook

as vezes facebook lhe envia um código para confirmar.

ADICIONAR SUA FOTO AO PERFIL

1- Depois da confirmação Facebook pede seus outros endereço de e-mail, para que ele pesquise, se seus contatos do seu e-mail já tem facebook, se eles não tiverem, facebook envia mensagens para eles. Não é necessário clique **Pular essa etapa**

2- Se preferir Preencha as informações do seu Perfil ou para fazer depois. Clique **Pular**

3- Para adicionar sua foto, do seu computador. Clique **Enviar foto**

4- Clique **Browse** para ir no seu arquivo de foto do computador e escolher sua foto desejada.

5- Clique **Página inicial** Para ir a sua página.

PÁGINA INICIAL

Receber mensagem de texto do facebook no seu telefone celular.

1- As opções da página inicial estão do lado esquerdo.

2- Como você abriu a conta recente, o formlário do seu Perfil não estar totalmente preenchido. Facebook coloca a aba de boas vindas para lembrar você a preencher o formulário.

3- Facebook tenta advinhar quem são os seus amigos para que você possa adiciona-los e lhe dar sugestões.

4- Procure pessoas (amigos) para adicionar.

5- Clique para receber mensagem de texto, como as atualizaçãos do seus amigos. Quando seu amigo colocar alguma mensagem você receberá uma mensagem de texto, no seu celular (**FACEBOOK NÃO PAGA PELAS MENSAGENS RECEBIDAS**)

6- Escolha a operadora.Clique **Próximo**

7- Envie do seu celular a mensagem como estar indicado, e receberá uma mensagem de texto no seu celular, com o seu código. Coloque seu código, clique **Próximo**

PÁGINA INICIAL

Caixa de mensagens

1- Na página inicial-você pode acessar sua caixa de mensagens

2- Estar indicado que existe uma mensagem privada que não foi lida, e 2 solicitações de amizade, Você receberá também essa mensagem na sua caixa do email que você preencheu, quando abriu a conta do facebook.

3- Selecione a mensagem. Clique **Excluir** para excluir a mensagem selecionada.

4- Clique **Nova Mensagem,** para enviar uma nova mensagem privada.

5- Se a pessoa que você enviou o e-mail, não tiver conta de facebook, juntamente, com a mensagem, ela receberá uma solicitação para abrir uma conta.

6- O seu amigo recebe uma mensagem com a foto do seu perfil e um link (linha azul) para clicar e ir no facebook

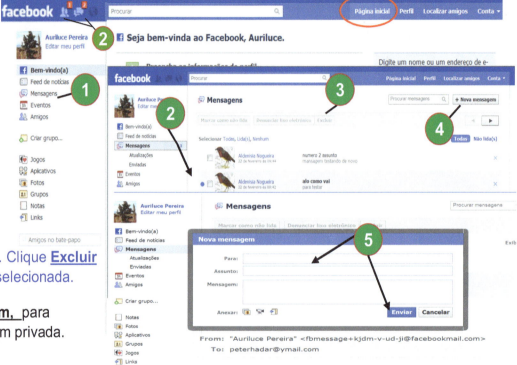

EDITAR O PERFIL NO FACEBOOK

1- Para ir nessa página de editar perfil. Clique **Editar perfil** embaixo do seu nome a esquerda na página principal.

2- **Ou** Clique em Perfil no cabeçário da página principal e na próxima página, clique **Editar perfil.**

3- Clique cada item para preencher um pequeno formulário com as suas informações

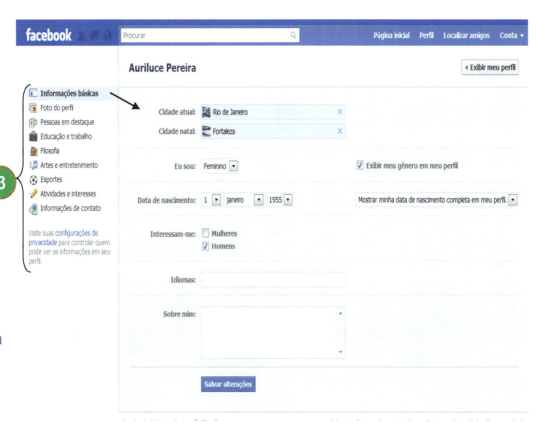

205

LOCALIZAR E ADICIONAR AMIGOS NO FACEBOOK

1- Na página pricipal. Clique em **Localizar amigos**

2- Em cada um desses serviços de e-mail, que você possui. Clique **Localizar amigo**s digite seu e-mail e senha do e-mail. Facebook olha nos contatos desse email e adiciona a sua lista

3- Facebook lhe mostra fotos de pessoas que tem conta em Fecebook, e que são amigos do amigo do amigo, que talvez você os conheça, e gostaria de adiciona-los a sua lista.

4- Clique **Adicionar aos amigos**

5- Clique **Enviar solicitação**

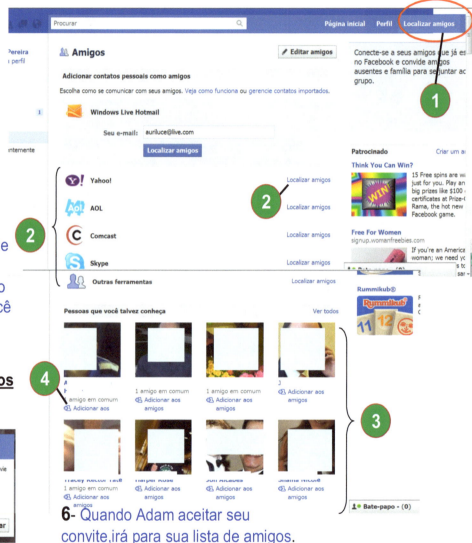

6- Quando Adam aceitar seu convite,irá para sua lista de amigos.

MURAL DO FACEBOOK

1- Na página inicial a esquerda clique no seu nome para ver sua página de Mural

2- Clique em **Mural**

DIGITAR NO MURAL E COMPARTILHAR

1- Digite o que você deseja compartilhar e escolha com quem compartilhar. Clique **Compartilhar**

2- Clique **Personalizar**

3-Escolha sua opção e clique **Salvar configurações**

4- Faça o mesmo para compartilhar fotos links e vídeos.

DIGITAR NO MURAL DO SEU AMIGO

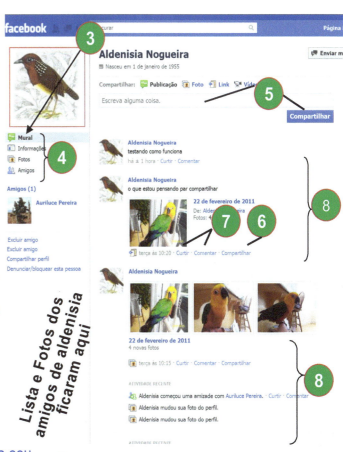

1- Depois de adicionados a lista dos amigos ficará embaixo da lista das categorias de amigos.

2- Clique na foto do amigo para ir ao Mural dele.

3- Clique no Mural do seu amigo.

4- Essa página, e toda a informação nela, se refere ao seu amigo.Clique em Fotos, Informações e amigos. você verá as fotos e informações dele como também a lista dos amigos dele.

5- Escreva para seu amigo, e clique **Compartilhar**. Ele e todos os amigos dele poderá ver a mensagem.

6- Clique para compartilhar, a foto do seu amigo com outros amigos seus.

7- Clique **Comenta**r, e escreva seu cometário.Clique **Curtir** para indicar que você gostou de fotos ou comentários deixados por outros

8- Aqui você ver as mensagem e comentários deixadas pelos amigos do seu amigo, inclusive a sua mensagem se você deixar alguma para ele.

VISUALIZAR OS RECADOS DE TODOS

1- Na página principal, clique em **Feed de notícias.** Toda as vezes, que você acessar a sua conta; é essa página que você ver primeiro.

2- Você vê todas as mensagens que foram enviadas para seus amigos, os comentários feitos por eles, você também pode escrever comentários.

3- Lúcia da silva colocou um recado.
-Sonia clicou Curtir.
-Andreza fêz um comentário sobre o recado.

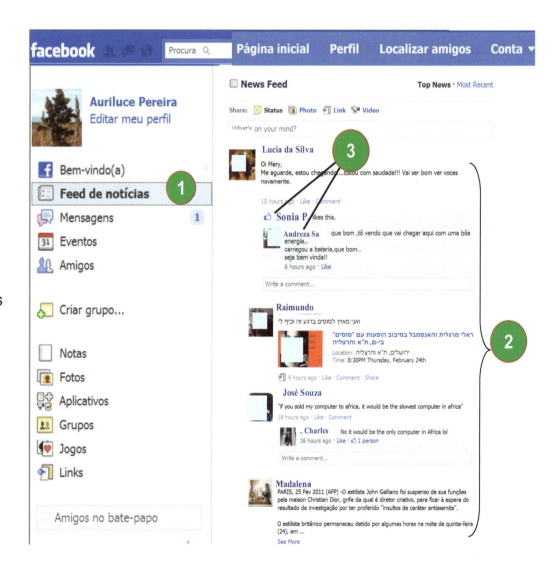

MENSAGEM INSTANTÂNEA - BATE BAPO

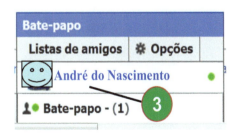

1-No Rodapé a direita da sua tela, você verá sempre essa mensagem indicando, se há algum amigo ligado.

2- Clique **Bate-papo**,clique **Opções**, para configurar.

3- Nesse caso vejo André do Nascimento estar ligado. Clique no nome dele.

4- A janela do Bate-papo vai aparecer

5- Coloque o ponteiro do mause, clique e digite para o André, pressione a tecla entrar.

6- O que você escreveu apareceu como o primeiro item da janela.

7- André lhe respondeu

CONFIGURAÇÕES DE PRIVACIDADE DO FACEBOOK

1-Na página inicial Clique em **Conta**

2- Clique em **Configurações de privacidade**

3- Clique **Personalizar Configurações**

4- Selecione quem você quer que veja as suas informações. Suas opções ficaram salvadas automaticamente.

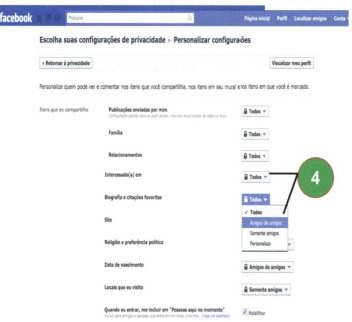

5- Clique **Sair** para desconectar do facebook

ANOTAÇÕES

www.ingramcontent.com/pod-product-compliance
Lightning Source LLC
Chambersburg PA
CBHW041416050326
40689CB00002B/541